中国非洲研究院文库·中国脱贫攻坚调研报告

主 编 蔡昉

智库中社

2020 National Think Tank

国家智库报告

中国脱贫攻坚调研报告

——定西篇

RESEARCH REPORTS ON THE ELIMINATION OF POVERTY IN CHINA

—DINGXI CITY, GANSU PROVINCE

张永丽 李文刚 沈志宇 耿小娟 著

中国社会科学出版社

图书在版编目（CIP）数据

中国脱贫攻坚调研报告. 定西篇／张永丽等著. —北京：中国社会科学出版社，2020.5

（国家智库报告）

ISBN 978 - 7 - 5203 - 6773 - 8

Ⅰ.①中…　Ⅱ.①张…　Ⅲ.①扶贫—调查报告—定西　Ⅳ.①F126

中国版本图书馆 CIP 数据核字（2020）第 115877 号

出 版 人	赵剑英
项目统筹	王　茵
责任编辑	李海莹　王　衡
责任校对	朱妍洁
责任印制	李寡寡

出　　版	中国社会科学出版社
社　　址	北京鼓楼西大街甲 158 号
邮　　编	100720
网　　址	http://www.csspw.cn
发 行 部	010 - 84083685
门 市 部	010 - 84029450
经　　销	新华书店及其他书店

印刷装订	北京君升印刷有限公司
版　　次	2020 年 5 月第 1 版
印　　次	2020 年 5 月第 1 次印刷

开　　本	787×1092　1/16
印　　张	11.25
插　　页	2
字　　数	146 千字
定　　价	68.00 元

充分发挥智库作用
助力中非友好合作

——"中国非洲研究院文库"总序

当今世界正面临百年未有之大变局。世界多极化、经济全球化、社会信息化、文化多样化深入发展，和平、发展、合作、共赢成为人类社会共同的诉求，构建人类命运共同体成为各国人民共同的愿望。与此同时，大国博弈激烈，地区冲突不断，恐怖主义难除，发展失衡严重，气候变化凸显，单边主义和贸易保护主义抬头，人类面临许多共同挑战。中国是世界上最大的发展中国家，是人类和平与发展事业的建设者、贡献者和维护者。2017 年 10 月中共十九大胜利召开，引领中国发展踏上新的伟大征程。在习近平新时代中国特色社会主义思想指引下，中国人民正在为实现"两个一百年"奋斗目标和中华民族伟大复兴的"中国梦"而奋发努力，同时继续努力为人类作出新的更大的贡献。非洲是发展中国家最集中的大陆，是维护世界和平、促进全球发展的重要力量之一。近年来，非洲在自主可持续发展、联合自强道路上取得了可喜进展，从西方眼中"没有希望的大陆"变成了"充满希望的大陆"，成为"奔跑的雄狮"。非洲各国正在积极探索适合自身国情的发展道路，非洲人民正在为实现《2063 年议程》与和平繁荣的"非洲梦"而努力奋斗。

中国与非洲传统友谊源远流长，中非历来是命运共同体。中国高度重视发展中非关系，2013 年 3 月习近平担任国家主席后首次出访就选择了非洲；2018 年 7 月习近平连任国家主席后首次出访仍然选择了非洲；6 年间，习近平主席先后 4 次踏上非洲大陆，访问坦桑尼亚、南非、塞内加尔等 8 国，向世界表明中国对中非传统友谊倍加珍惜，对非洲和中非关系高度重视。2018 年中非合作论坛北京峰会成功召开。习近平主席在此次峰会上，揭示了中非团结合作的本质特征，指明了中非关系发展的前进方向，规划了中非共同发展的具体路径，极大完善并创新了中国对非政策的理论框架和思想体系，这成为习近平新时代中国特色社会主义外交思想的重要理论创新成果，为未来中非关系的发展提供了强大政治遵循和行动指南。这次峰会是中非关系发展史上又一次具有里程碑意义的盛会。

随着中非合作蓬勃发展，国际社会对中非关系的关注度不断提高，出于对中国在非洲影响力不断上升的担忧，西方国家不时泛起一些肆意抹黑、诋毁中非关系的奇谈怪论，诸如"新殖民主义论""资源争夺论""债务陷阱论"等，给中非关系发展带来一定程度的干扰。在此背景下，学术界加强对非洲和中非关系的研究，及时推出相关研究成果，提升国际话语权，展示中非务实合作的丰硕成果，客观积极地反映中非关系良好发展，向世界发出中国声音，显得日益紧迫和重要。

中国社会科学院以习近平新时代中国特色社会主义思想为指导，努力建设马克思主义理论阵地，发挥为党的国家决策服务的思想库作用，努力为构建中国特色哲学社会科学学科体系、学术体系、话语体系作出新的更大贡献，不断增强我国哲学社会科学的国际影响力。中国社会科学院西亚非洲研究所是当年根据毛泽东主席批示成立的区域性研究机构，长期致力于非洲问题和中非关系研究，基础研究和应用研究并重，出版和发表了大量学术专著和论文，在国内外的影响力不断扩大。以西亚非洲研究所为主体于2019年4月成立的中国非洲研究院，是习近平总书记在中非合作论坛北京峰会上宣布的加强中非人文交流行动的重要举措。

按照习近平总书记致中国非洲研究院成立贺信精神，中国非洲研究院的宗旨是：汇聚中非学术智库资源，深化中非文明互鉴，加强治国理政和发展经验交流，为中非和中非同其他各方的合作集思广益、建言献策，增进中非人民相互了解和友谊，为中非共同推进"一带一路"合作，共同建设面向未来的中非全面战略合作伙伴关系，共同构筑更加紧密的中非命运共同体提供智力支持和人才支撑。中国非洲研究院有四大功能：一是发挥交流平台作用，密切中非学术交往。办好"非洲讲坛""中国讲坛""大使讲坛"，创办"中非文明对话大会"，运行好"中非治国理政交流机制""中非可持续发展交流机制""中非共建'一带一路'交流机制"。二是发挥研究基地作用，聚焦共建"一带一路"。开展中非合作研究，对中非共同关注的重大问题和热点问题进行跟踪研究，定期发布研究课题及其成果。三是发挥人才高地作用，培养高端专业人才。开展学历学位教育，实施中非学者互访项目，培养青年专家、扶持青年学者和培养高端专业人才。四是发挥传播窗口作用，讲好中非友好故事。办好中国非洲研究院微信公众号，办好中英文中国非洲研究院网站，创办多语种《中国非洲学刊》。

为贯彻落实习近平总书记的贺信精神，更好地汇聚中非学术智库资源，团结非洲学者，引领中国非洲研究工作者提高学术水平和创新能力，推动相关非洲学科融合发展，推出精品力作，同时重视加强学术道德建设，中国非洲研究院面向全国非洲研究学界，坚持立足中国，放眼世界，特设"中国非洲研究院文库"。"中国非洲研究院文库"坚持精品导向，由相关部门领导与专家学者组成的编辑委员会遴选非洲研究及中非关系研究的相关成果，并统一组织出版，下设六大系列丛书："学术著作"系列重在推动学科发展和建议，反映非洲发展问题、发展道路及中非合作等某一学科领域的系统性专题研究或国别研究成果；"经典译丛"系列主要把非洲学者以及其他方学者有关非洲问题研究的经典学术著作翻译成中文出版，特别注重全面反映非洲本土学者的学术水平、学术观点和对自身发展问题的认识；"法律译丛"系列即翻译出版非洲国家的投资法、矿业法、建筑法、环保法、劳动法、税法、海关法、土地法、金融法、仲裁法等等重要法律法规，以及非洲大陆、区域和次区域组织法律文件；"智库报告"系列以中非关系为研究主线，中非各领域合作、国别双边关系及中国与其他国际角色在非洲的互动关系为支撑，客观、准确、翔实地反映中非合作的现状，为新时代中非关系顺利发展提供对策建议；"研究论丛"系列基于国际格局新变化、中国特色社会主义进入新时代，集结中国专家学者研究非洲政治、经济、安全、社会发展等方面的重大问题和非洲国际关系的创新性学术论文，具有学科覆盖面、基础性、系统性和标志性研究成果的特点；"年鉴"系列是连续出版的资料性文献，设有"重要文献""热点聚焦""专题特稿""研究综述""新书选介""学刊简介""学术机构""学术动态""数据统计""年度大事"等栏目，系统汇集每年度非洲研究的新观点、新动态、新成果。

期待中国的非洲研究和非洲的中国研究在中国非洲研究院成立的新的历史起点上，凝聚国内研究力量，联合非洲各国专家学者，开拓进取，勇于创新，不断推进我国的非洲研究和非洲的中国研究以及中非关系研究，从而更好地服务于中非共建"一带一路"，助力新时代中非友好合作全面深入发展。

中国社会科学院副院长

中国非洲研究院院长

蔡　昉

摘要： 素有"陇中苦瘠甲于天下"之称的定西市位于甘肃省中部，境内丘陵起伏，沟壑纵横，历史上自然条件严酷、生态环境脆弱，灾害频发、干旱缺水，基础设施建设落后、社会经济发展水平低，人民生活长期徘徊在温饱线上。为了改变当地的贫困面貌，在党中央、国务院和甘肃省委、省政府的亲切关怀和帮助下，1982年启动的"三西"扶贫开发计划拉开了定西市有计划、有组织、大规模区域性扶贫开发的序幕，此后的"八七"扶贫、开发式扶贫、整村推进扶贫均取得了显著的扶贫成效。2013年精准扶贫精准脱贫政策的实施则使定西市进入了脱贫攻坚的决胜期、改革开放的深化期和民生改善的黄金期，历史性地消灭了绝对贫困，定西市将与全国一道步入全面小康。

报告共九章。首先介绍了定西市的社会经济发展状况、历史上贫困的成因和扶贫开发历程与实践。在此基础上，对定西市精准扶贫政策体系与主要内容、精准扶贫开发的重要举措和成效进行了梳理。为进一步体现定西市精准扶贫政策成效，该书针对当地具有典型意义的马铃薯、中医药、新能源、养殖业、劳务输转、金融扶贫等展开案例分析，对其精准扶贫的内容与措施、扶贫模式、扶贫成效、经验启示进行了剖析。最后，在客观分析精准扶贫精准脱贫实践意义的情况下，总结得出了定西市精准扶贫精准脱贫的经验，并就进一步巩固脱贫成果、解决相对贫困问题的政策措施进行了探讨。

关键词： 定西市　精准扶贫　精准脱贫　成效　经验　案例

Abstract: Due to the harsh ecological environment, poor infrastructure and low level of social and economic development, farmers have long struggled to meet their basic needs. Dingxi has long been regarded as a typical example of poor areas. In order to change the face of poverty, under the cordial care of the Party Central Committee, the State Council, provincial Party committees and provincial governments, the "Three West" poverty alleviation and development program, launched in 1982, opened the historic prologue of planned, organized and large-scale regional development and poverty alleviation in Dingxi, since then, the Poverty Reduction Plan in 1987, development-oriented poverty alleviation, the whole village poverty reduction program have achieved remarkable results. The implementation of the anti-poverty policy in 2013 made Dingxi enter the decisive stage of poverty alleviation, all the counties and districts of Dingxi will have been lifted out of poverty in the end of 2020.

There are nine chapters in this book. Firstly, it introduces the social and economic development of Dingxi, the causes of poverty and the process of poverty alleviation and development. On this basis, the paper sorts out the policy system and main contents, as well as the important measures and effects of the development of the precision poverty alleviation in Dingxi. To further demonstrate the effectiveness of the targeted poverty alleviation and Development Policy, the book focuses on poverty alleviation from the aspects of the typical potato industry, traditional Chinese medicine industry, new energy industry, aquaculture and other industries in the city, as well as labor transfer and poverty alleviation, on the aspect of financial poverty alleviation, the paper makes a detailed analysis of the process of industrial development, the content and measures, the model, the effectiveness and the experience of poverty alleviation, and further comprehensive analysis of the local industrial experience of poverty alleviation, with a view to relevant regions, related industries to provide reference for poverty alleviation. Finally, based on the objective analysis of the practical significance of precision poverty alleviation, the author concludes the experience and reference of Dingxi precision poverty alleviation.

Keywords: Dingxi; Targeted Poverty Alleviation; Results; Experience; Case

目　　录

一 定西市扶贫开发历程与实践

历史上的定西，山高坡陡，土地贫瘠，生态恶化，十年九旱，农业生产广种薄收，群众生活长期陷入绝对贫困。新中国成立后，在中国共产党的领导下，祖祖辈辈为生存而努力的定西人民发扬"三苦"精神，开始走上脱贫之路，先后经历了"三西"扶贫、开发式扶贫、"八七"扶贫攻坚、集中扶贫攻坚、精准扶贫精准脱贫五个阶段，特色优势产业发展迅速，生产生活条件极大提高，科技教育、医疗卫生状况明显改善。定西的发展史就是定西人民与贫困斗争的历史。

（一）定西市社会经济发展状况

1. 自然生态条件

定西市位于甘肃省中部，古称"陇中"，东接天水市，西靠兰州市，北邻白银市，南连陇南市，并于甘南州、临夏州接壤，辖安定区、临洮县、陇西县、通渭县、渭源县、岷县、漳县六县一区，总面积20330平方千米。地处黄土高原、青藏高原和西秦岭交会地带，在北纬34°26′—35°35′，东经103°52′—105°13′之间，受秦岭、祁连褶皱、六盘山支脉及黄土高原等影响，地貌比较复杂，丘陵起伏，沟壑纵横。以渭河为界大致分为北部黄土丘陵沟壑区和南部高寒阴湿区两个自然类型区，其中北部的安定区和陇西县、通渭县、临洮县、渭源县4县属黄土丘陵沟壑区，约占总面积的60%，为中温带半干旱区，降水较少。南部的漳县、岷县和渭源县南部属高寒阴湿区，约占总面积的40%，为暖温带半湿润区，海拔高、气温低。全市海拔为1420—3941米，年降水量为350—600毫米，蒸发量高达1400毫米，年平均气温7℃，无霜期140天。水资源贫乏，人均年占有量600多立方米，每亩耕地平均每年占有量140立方米，北部极度缺水，且水质差，含泥量大，农耕地多，所需水量大。南部水资源相对较丰，水质较好，含泥沙量小，农耕地少，所需水量较少。降水分布北少南多，水、地匹配矛盾突出。总之，境内自然条件严酷、生态环境脆弱，灾害频发、干旱缺水，是全国最贫困的地区之一。

2. 人口状况

2000年以来，定西市常住人口总数从2001年的294.20万人减少到2019年的282.58万人，人口自然增长率从7.03‰下降到3.25‰。其中，城镇人口总数从24.72万人增加到102.79万人，占常住人口的比重（常住人口城镇化率）从8.4%提高到36.4%，年均城镇化率达1.08个百分点。乡村人口总数从269.48万人减少到179.79万人，占常住人口的比重从91.6%下降到63.6%。

从人口年龄结构看，2001—2019年，0—14岁人口不断减少，由2001年的81.06万人减少到2019年的48.24万人，占总人口比重从28.74%下降到17.1%；65岁及以上的老年人口快速增长，从15.27万人增长到了34.02万人，占总人口比重从5.41%提高到了12.0%，老龄化特征明显。从劳动力年龄结构看，在20世纪末中国劳动力供给达到高峰后，劳动力年龄人口的增长率呈现下降趋势。具体如表1-1所示。

表 1 - 1　　　　2001 年、2019 年定西市人口及其构成情况

指标	2001 年		2019 年	
	人口（万人）	比重（%）	人口（万人）	比重（%）
常住人口	294.2	100	282.58	100
其中：城镇	24.72	8.40	102.79	36.4
农村	269.48	91.60	179.79	63.6
其中：男性	152.31	51.77	144.12	51.0
女性	141.89	48.23	138.46	49.0
其中：0—14 岁	81.06	28.74	48.24	17.1
15—64 岁	185.7	65.85	200.32	70.9
65 岁及以上	15.27	5.41	34.02	12.0

注：2001 年分年龄段的人口总数为 282.03 万人。

数据来源：《甘肃统计年鉴 2002》《定西市 2019 年国民经济和社会发展统计公报》。

3. 社会经济发展现状

长期以来，定西市的发展倍受党中央、国务院和省委、省政府的亲切关怀。从 1983 年开始，定西市借助国家扶持，大力开展了以"三西"农业建设为重点的扶贫开发，首开全国区域性开发式扶贫先河，经济社会发展取得长足进步，城乡面貌发生了深刻变化，全市于 1999 年实现了整体基本解决温饱的目标，改写了"一方水土养活不了一方人"的历史。2008 年定西市被确定为全国改革开放 18 个典型地区之一。全市贫困人口由 1982 年的 170 万人下降到 2014 年年底的 67 万人，贫困面由 78% 下降到 26%。近年来，定西市深入学习贯彻习近平新时代中国特色社会主义思想及党的十九大和十九届二中、三中、四中全会精神，全面落实习近平总书记视察甘肃重要讲话和指示精神，认真贯彻新发展理念，落实高质量发展要求，坚持稳中求进工作总基调，以脱贫攻坚为统揽，以抓项目促投资为主线，靠实责任，狠抓落实，全市经济社会发展呈现趋稳向好态势。

2019 年，全市实现生产总值 416.38 亿元、比上年增长 6.2%。三大产业增加值分别为 77.98 亿元、66.26 亿元、272.14 亿元，比上年分别增长 6.2%、3.5%、7%。三大产业结构比为 18.7∶15.9∶65.4，对经济增长的贡献率分别为 19.5%、9.6%、70.9%。按常住人口计算，人均地区生产总值为 14746 元，比上年增长 5.9%。全年新增城镇就业人口 19653 人，城镇登记失业率为 2.8%。全市共输转城乡劳动力 63.46 万人，实现劳务收入 137.49 亿元，比上年增加 4.6 亿元，增长 3.5%；人均劳务收入为 21666 元。2019 年全市减少贫困人口 19.79 万人，年底剩余未脱贫人口为 4.16 万人；农村贫困发生率为 1.58%，比上年下降 7.54 个百分点。安定区、陇西县、渭源县、临洮县、漳县 5 县区实现脱贫摘帽，退出贫困村 715 个。

2019 年年末共有各级各类学校 2034 所，在校（册）学生共 46.66 万人；学前教育三年毛入园率为 97.7%，九年义务教育巩固率为 99.5%，高中阶段毛入学率为 96.1%；向全国各类高等院校输送新生 25316 人，高考录取率达到 80.5%，比上年提高 2.7 个百分点；共有医疗卫生机构 2840 个，平均医疗消费额占地区总消费额的比重上升到 7.63%，但仍低于全国平均水平。

（二）历史上定西地区贫困的主要原因

定西以贫困闻名，清朝末年，陕甘总督左宗棠曾写道："陇中①苦瘠甲于天下"，20 世纪 80 年代，一位联合国官员访问定西后说："这里不具备人类生存的条件"。80 年代初，全国实现温饱，而在当时全国贫困率为 2.8% 的情况下，定西还没解决基本温饱问题，贫困率远远高于全国平均水平，达 23.9%，农民

---

① 陇中是一个文化概念，相对于陇南、陇东、河西等而言，主要区域在甘肃定西市、临夏州部分区域。

人均的年分配金额不足 50 元，人均持有现金只有 5 元，"穿着黄衣裳，吃着救济粮，喝着拉运水，住着茅草房，睡着无席炕"是当时农民生活的真实写照。因此，定西的贫困有深厚的历史，综合分析导致其贫困的原因主要有以下方面。

1. 生态环境严酷

历史上的定西，山高坡陡，土地贫瘠，生态恶化，十年九旱，生态环境非常严酷。境内年平均降水量为 300 多毫米，而蒸发量却高达 1500—2000 毫米；人均水资源占有 530 立方米，不足全省人均的1/2，是全国人均的1/4；全市农田单位面积占有水量分别为全国和甘肃省平均水平的 8.2% 和 4.9%。同时，定西地貌多为坡地，沟壑纵横，山高沟深，植被稀少，使得当地水土流失严重，土地贫瘠，耕地资源严重不足。较高的人口增长率使得人地之间的矛盾进一步加剧，也给定西生态环境承载力带来了更大的压力。加上定西是自然灾害高发区，干旱、冰雹、霜冻、干热风等自然灾害十分频繁，对粮食作物产量影响极大。而过去贫困农民为了生存，以毁林毁草为代价盲目扩大耕地面积，乱砍滥伐，过度放牧，又加剧了生态环境的恶化，形成了"越穷越垦越流失，越流失越穷越垦"的恶性循环。虽然近年来定西实行退耕还林还草取得了很好的成效，但仍未从根本上改变定西恶劣的生态环境。这一系列因素严重限制了定西农业的发展，在一定程度上影响了国家扶贫政策与西部大开发战略措施的效用。

2. 基础设施建设滞后

定西市的地形条件较差，使得农田水利和道路交通等基础设施建设的难度大。同一个建设项目，往往需要付出数倍于其他地区的人力、物力、财力，而建成以后，又难以形成规模效益。同时，国家和甘肃省在这方面的资金投入有限。2001 年，国家和甘肃省对定西基础设施建设的投资为 2803 万元，此后逐年下降，到 2005 年已降为 191 万元，地方政府和当地群众无力增加投资，民间投资因缺乏利益动力而难以进入，从而造成基础设施建设投入严重不足，欠账太多，使定西市贫困地区仍停留在交通不便、信息闭塞状态。这不仅严重制约着农民脱贫的速度，而且还时刻威胁着已经取得的脱贫成果，一些初步解决温饱的贫困人口一旦遭遇自然灾害就会重新陷入不得温饱的贫困状态。由于干旱少雨、水源不稳定、水质差等原因，部分特困地区季节性、灾害性的饮水困难仍然比较突出，农业生产用水严重匮乏。农村道路建设密度和技术等级低，排水设施不全，缺桥少涵，抗灾能力差，晴通雨阻现象严重，区域公路迂回能力差，给区域经济发展造成了极大障碍。

3. 产业发展落后

长期以来，定西市三次产业发展水平低，比重严重失调，第二、第三产业发展相对滞后，城市化水平较低，农户基本上靠天吃饭，靠天养畜。可耕种的土地中大部分是山旱地，分布在高山陡坡上，山旱地中很大一部分的坡度在 25 度以上，土壤贫瘠，跑墒、跑气、跑肥严重，粮食产量低而不稳，群众生活用粮紧张，人均粮食占有量很低，农业生产经常是"种了一坡、收了一车、打了一斗、煮了一锅"，导致群众生活长期陷入绝对贫困，缺水喝、缺饭吃、缺衣穿、缺燃料成为最突出的问题，一方水土难养一方人。

贫困农民迫于解决温饱的压力和出于规避市场风险的担忧，大都保留粮食种植，导致农业生产结构偏重于粮食种植业（主要是小麦种植），中药材等经济作物的种植区域不平衡、比例低，农业及农产品的市场附加值很低，难以形成市场竞争优势。而有限的农产品限制了龙头企业和农产品加工业的发展，这种单一的收入来源不利于农民抵御农业歉收和市场竞争带来的收入风险，也不能保证农民收入的稳步增长。从定西农产品加工体系整体来看，所有的农产品中，只有马铃薯和中药材的商品量和商品率较高，其他的农产品商品量和商品率普遍偏低；农产品加工企业生产规模小，产业链条短，科技含量不高，加工增值能力低，未形成规模效益。农业工业化总体程度低大大限制了定西农产品的市场竞争力，使得农民收入增长缓慢。

4. 社会经济发展水平低

从社会经济发展看，定西市农业生产水平低下，非农产业发展落后，地方财政入不敷出，经济发展的启动力严重不足。由于生产技术长期处于停滞状态，低下的生产水平决定了传统农业基本上是自给自足或半自给自足的经济，而贫困农户更为低下的生产水平，导致全部生产成果不能满足自身和家庭的最低生活需要，自给不能自足，陷入绝对贫困。贫困地区传统农业的封闭性和自给性，决定了贫困农户在进行农业生产决策时必然要以解决温饱为首要和最重要的目标，从事其他生产也是完全出于满足自给的需要，从而形成了以自给性粮食生产为主的农业生产结构。而这种生产决策，恰恰又与贫困地区严酷的自然条件相矛盾，粮食生产时常遭受自然灾害的打击，产量低且极不稳定，结果导致贫困农户长期搞粮食生产却长期在温饱线上苦苦挣扎的尴尬局面。长期不得温饱的农民，多少年来把粮食看得比什么都重要，几乎把全部的精力都放在了种粮食、解决温饱上，然而"老天爷"似乎有意与农民的种植习惯作对：在定西干旱山区，农民靠天吃饭，正值小麦最需水的春夏之交，却几乎年年都出现旱情，导致农民颗粒无收，越生产越贫困。

5. 人口整体素质偏低

由于经济落后，贫困地区教育、文化和卫生事业的发展受到制约。农民受教育的程度普遍偏低，文化素质不高，思想观念落后，成为脱贫致富的严重障碍。根据第四次全国人口普查统计，定西市贫困县高中及以上文化程度的劳动力仅占农村劳动力总数的 4% 左右，而文盲半文盲占总人口的比例都在 40% 以上。由于经济落后，人口整体素质偏低，贫困地区农民常年为了养家糊口而奔波。在一些贫困山乡，一半以上的农民从来没有到过乡政府以外的地区，生活在这里的人们几乎没有享受过现代文明，除了最低的物质需求以外，农民几乎没有最普遍、最基本的精神文化生活。观念落后，思想守旧，缺乏科学文化知识，长期生活在封闭半封闭状态，最终导致了贫困的现状。越种越穷的生产循环限制了贫困农户参与市场竞争的积极性，导致其缺乏市场意识及开拓市场的胆识和魄力，"等、靠、要"思想在一定程度上仍然存在，不仅严重制约着农业生产效率的提高，直接影响其经济收入，还造成他们与外界交流较少，难以把握发展的各种机会，对市场的适应能力和竞争能力明显处于弱势地位，从而影响了当地农业和农村经济的可持续发展。

（三）定西市扶贫开发的历程与实践

定西市的扶贫开发工作是在国家扶贫工作的大背景下展开的，依据改革开放以来党和政府在不同时期的农村扶贫工作特点，定西市扶贫开发的历程可归结为以下五个阶段。

1. "三西"扶贫阶段（1978—1985 年）

1979 年秋，从定西市渭源县祁家庙乡开始，家庭联产承包责任制在不到两年的时间里在定西地区全面推行，历史性的体制变革，极大地调动了定西农民的生产积极性，也为以后定西贫困问题的解决奠定了良好的基础。

1982 年 12 月，国务院召开甘、宁两省区农业建设和扶贫专题工作会议，针对生态破坏严重、农民饥寒交迫的状况，党中央和国务院决定：将以定西地区为代表的中部干旱地区、河西地区及宁夏西海固地区列入"三西"农业开发建设范围，每年发放专项拨款2亿元，连续支持20年，狠下决心解决贫困问题。从1983年开始，党和国家将定西地区确定为全国最早实施区域规模扶贫的重点地区，在政策、资金、物资等诸多方面给予了倾斜扶持，定西地区六县一区全部被列入"三西"建设重点县，共投入各类资金53.40亿元，其中"三西"专项扶贫资金7.19亿元，财政扶贫资金11.75亿元，天津帮扶资金0.36亿元，以工代贩资金13.94亿元，信贷扶贫资金20.16亿元，开展了以"三西"农业建设为重点的扶贫开发。定西结合当地实际，提出"有水走水路，无水走旱路，水旱不通另找出路"的建设方针，先后实施了一大批水利、梯田、农电建设和小流域综合治理项目，群众生产生活条件得到了较大幅度改善，为实现基本温饱打下了坚实基础。同时，还创造性地探索出"山顶造林戴帽子、山坡种草披褂子、山腰梯田系带子、山下建棚围裙子、沟底打坝穿靴子"的水土流失治理模式，形成了从上游到下游、从梁峁到沟道，分层设防、综合利用的水土流失防治体系，对黄土高原地区生态环境建设具有良好示范作用。使贫穷落后面貌发生了历史性的改变，于20世纪末提前一年实现整市基本解决温饱，完成了由饥贫向基本温饱过渡的阶段性跨越。

2. 开发式扶贫启动阶段（1986—1993年）

实行家庭联产承包责任制以来，我国的农村扶贫工作取得了显著成效。但与此同时，中国农村发展不平衡问题开始凸现，20世纪80年代中期，农村地区特别是老、少、边、穷地区和沿海发达地区在经济、社会和文化上的发展差异开始显现。因此，这些落后地区的发展成为"需要特殊对待的政策问题"。1986年，国务院正式成立扶贫和开发领导小组，致力于协调大型的农村扶贫计划。与此同时，全国大部分省份也相应成立扶贫领导小组，进而全力推进农村扶贫工作。自此，我国农村扶贫开始转入有计划、有组织的以"确定开发式扶贫方针、成立专门扶贫机构、制定专门优惠政策、安排专项扶贫资金、核定贫困县、目标瞄准特定地区和人群等"为主要内容的大规模开发式扶贫时期。

定西市针对农村异常突出的燃料、饲料、肥料短缺和饮水困难问题，重点进行基础设施建设，努力改善生产生活条件。实施一户"一个集雨场、两眼水窖、一亩庭院经济"的"121工程"，解决人畜饮水困难，不断创造生存发展的基本条件。与1982年相比，到1993年年底，农民人均纯收入由105元增加到423元，农村绝对贫困人口由170万人下降到85.43万人，绝对贫困而由78%下降到35%。

3. "八七"扶贫开发阶段（1994—2000年）

经过大规模有针对性的开发式扶贫，我国农村贫困人口数量在逐年减少。但是，由于贫困问题的持久性和复杂性，新的贫困问题也随之出现，主要表现为中西部地区贫困发生率明显高于东南沿海地区。为实现共同富裕，1994年3月，国务院公布实施《国家八七扶贫攻坚计划》，决定集中大量人、财、物力，动员各种社会力量，力争用7年左右的时间，到2000年年底基本解决全国农村8000万贫困人口的温饱问题，实现绝大多数贫困户的人均年纯收入达500元以上。甘肃省也积极响应中央和国务院的号召，于1994年研究制定《全省四七扶贫攻坚计划》，力争用7年时间，解决全省400多万贫困人口的温饱问题。

定西市7个县区全部被列为国家重点扶持贫困县，扶贫工作开始迈入新的阶段。定西市按照实际，坚持"顺应天时，遵循自然规律；顺应市场，遵循经济规律；顺应时代，遵循科技规律"的工作思路，提出"梯田＋水窖＋科技＝稳定解决温饱"

和"调整结构＋龙头企业＋开拓市场＝脱贫致富"的发展思路。早在 20 世纪 80 年代，安定区就开始实施"洋芋工程"，扩大马铃薯种植面积，并取得了丰硕成果。定西积极推广这一经验，在安定区、通渭县、陇西县、临洮县扩大马铃薯种植面积，在渭源县、漳县、岷县推广中药材种植，积极引导群众调整产业结构，将扶贫资金重点投向地膜粮作、马铃薯种植、梯田建设、集雨节灌"四大工程"和中医药、马铃薯、草食畜牧、果菜"四大产业"，有效增加农民收入。1999 年年底，全市实现了基本解决温饱，完成了存活向基本温饱过渡的实力型跨越。然而，需要注意的是，定西的这种温饱是建立在单一的粮食产量增加的基础上的，要是遇上天灾人祸，有大部分农村群众又会返贫。

4. 集中扶贫攻坚阶段（2001—2013 年）

在我国基本实现《国家八七扶贫攻坚计划》目标之后，中国农村贫困人口规模进一步缩小并集中于西部地区。但是，西部的剩余贫困人口相对分散于不同村庄而非集中于贫困县。如果政府继续以县为扶贫开发的主要单位，则有许多农村贫困人口不能享受政府的扶贫政策。因此，2001 年 5 月，国务院颁布了《中国农村扶贫和开发纲要（2001—2010 年）》，就 21 世纪初的中国扶贫工作进行全面部署，重新调整扶贫工作重点县，进一步将中央扶贫重点放在西部集中连片地区，虽然依然保留了贫困县，但贫困村开始成为扶贫瞄准的新对象。同时，扶贫资金的投放也有针对性的覆盖到非贫困县中的贫困村。而且，新的扶贫纲要更加强调贫困地区的科教文卫事业的发展与人力资本的投资，同时建立贫困者参与式扶贫，以村为基本单位的综合开发和整村推进扶贫模式，为贫困地区贫困人口达到小康水平创造条件。

针对新形势下的新任务，定西市将参与式整村推进作为扶贫攻坚的突破口，依托自身资源禀赋，大力发展特色优势产业，全力打造中国薯都、中国药都和全省草食畜牧业大市，使定西市跻身于全国马铃薯、中药材主产区，成为全省重要的畜产品生产加工基地，实现了农业增产、农民增收，揭开了定西市加快发展的新篇章。这一时期，定西市在扶贫开发方面探索出许多成功经验，受到国内外的高度关注。其中，2004 年在全球扶贫大会上，定西市以参与式整村推进扶贫方式作为生态型反贫困模式案例，代表中国政府在大会上进行了交流；2005 年，定西市"一村一名大学生"智力扶贫模式在全国贫困劳动力转移培训现场会上做了经验交流；农村最低生活保障和扶贫开发政策"两项制度"衔接试点成果，也作为成功经验在全国推广。2010 年，按当时标准，定西市农村贫困面下降到 15.5%。

5. 精准扶贫精准脱贫阶段（2013 年至今）

2012 年，定西市以全市 7 县区全部纳入国家六盘山连片特殊困难地区为契机，创新扶贫开发思路和模式，整合配套各类资源，统筹兼顾解决突出问题，突出增强自我发展能力，着力打造中国农村扶贫开发攻坚试验示范区、全国马铃薯贸工农一体化示范区、全国中医药产业发展示范区、全国旱作节水农业示范区以及全国生态文明示范区，开启了落实"一户一策"精准脱贫计划的良好局面，集中优势兵力打好扶贫攻坚战。全市创新推进产业扶贫模式，积极培育"牛、羊、菜、果、薯、药"六大产业，因地制宜发展乡村旅游、电子商务等新型小微业态，实现了对有发展能力贫困户的产业全覆盖。大力发展劳务产业，每年培训输转贫困劳动力 13 万人，人均劳务收入达 2 万元。通过积极培育新型经营主体、推行"三变"改革、组建农民专业合作社、培育龙头企业、开发乡村公益性岗位、建设扶贫车间、开发新型农业补贴险种等举措，最大限度保障贫困户"旱涝保收"。全市 75% 的农户依靠发展产业有了稳定的收入来源，所有贫困村都有了集体经济收入。

针对基础设施、教育、卫生等方面的短板，全市积极实施农村危房改造、易地扶贫搬迁、安全饮水、电网改造提升、厕所革命、农村人居环境整治等工程，努力改善群众生产生活条件。同时，全面落实教育、医疗等扶贫政策，着力加强控辍保学、健康扶贫工作。如今，全市贫困村旧貌换新颜，改造农村危房20.04万户，26.13万贫困群众实现"挪穷窝"，所有行政村通了水泥路、动力电，97%的行政村通了宽带网，15万户群众用上了卫生厕所。全市千人以上有需求的行政村实现幼儿园全覆盖，贫困村都有了村卫生室和文化活动中心，贫困群众在家门口实现了能看病、有学上。积极探索金融扶贫模式，在所有贫困村建立了农村金融工作室，开发了陇药通、金薯宝等金融产品，为贫困户投放精准扶贫贷款65.95亿元。6.11万户21.55万农村低保人口纳入建档立卡范围，城乡居民基本养老保险参保率达95%以上，实现了困有所帮、弱有所扶、老有所养。

2018年，定西市委、市政府制定了《关于打赢脱贫攻坚战三年行动的实施方案》等一系列文件，紧盯攻克深度贫困，精心组织"四季攻势"，大力实施"片区作战"，分区域、分层次、分阶段落实年度目标任务，有效集结各类资源资金精准投入，推动脱贫工作不断向前。到2019年年底，全市贫困人口由2013年年底的84.24万人减少到4.16万人，累计减贫80.08万人，贫困发生率由31.7%下降到1.58%；982个贫困村脱贫退出，退出比例达89.2%；安定区、陇西县、渭源县、临洮县、漳县5个县区实现脱贫摘帽，通渭县、岷县全面完成基础设施建设和"三保障"任务。

二　定西市脱贫攻坚的
重要举措与成效

实施精准扶贫政策以来，定西市坚持政策向扶贫倾斜、资金向扶贫聚集、项目向扶贫靠拢，精准扶贫精准脱贫取得显著成效。全市贫困人口由 2013 年年底的 84.24 万人减少到 2019 年年底的 4.16 万人，累计减贫 80.08 万人，贫困发生率由 31.7%下降到 1.58%；982 个贫困村脱贫退出，退出比例达 89.2%；安定区、陇西县、临洮县、漳县、渭源县 5 个县区实现整体脱贫摘帽。

（一）定西市精准扶贫政策体系
与主要内容

1. 定西市精准扶贫政策体系和主要内容

（1）总体目标

实现"两个确保"：确保 2019 年年底安定区、陇西县、临洮县、漳县、渭源县实现脱贫摘帽，确保 2020 年年底岷县、通渭县实现脱贫摘帽。

实现"两不愁、三保障，两高于、一接近"：到 2020 年，稳定实现扶贫对象不愁吃、不愁穿，义务教育、基本医疗和住房安全有保障，实现贫困县区和贫困村农民人均可支配收入增幅高于全省平均水平，基本公共服务主要领域指标接近全省平均水平。

实现"六有五通"：到 2020 年实现贫困村有特色富民产业、有专业合作组织、有扶贫互助协会、有标准化卫生室、有综合性文化服务中心、有新村新貌，通沥青（水泥）路、通安全饮水、通动力电、通广播电视、通宽带网络。

（2）政策体系

为全面落实《中共中央国务院关于打赢脱贫攻坚战的决定》（中发〔2015〕34 号）和习近平总书记关于扶贫开发工作系列重要讲话精神，定西市全面落实中央和省委、省政府脱贫攻坚决策部署，紧跟全市各阶段形势需要，及时配套完善脱贫攻坚政策文件。先后制定了《关于打赢脱贫攻坚战的实施意见》《关于打赢脱贫攻坚战三年行动的实施方案》《定西市深度贫困地区脱贫攻坚实施方案》《全市贫困人口"两不愁三保障"冲刺清零工作方案》《关于深入开展"四巩固六提升五促进"行动高质量打赢脱贫攻坚战的实施意见》等全局性、统揽性文件，分年度制定全市脱贫攻坚、东西部扶贫协作和中央单位定点扶贫工作要点，适时制定《关于进一步提升和落实"一户一策"精准脱贫计划的实施意见》《关于进一步加强"一户一策"精准化研判具体化落实动态化管理的实施意见》《定西市脱贫攻坚固强补弱"六查六清四提升"行动方案》《全市新型扶贫业态助推脱贫攻坚实施意见》《关于创新互助资金运行管理的实施方案》等政策方案，完善《定西市财政专项扶贫资金监督管理办法》《关于进一步加强"两后生"项目资金监督管理的意见》《定西市精准扶贫精准脱贫工作问责办法（试行）》《定西市脱贫攻坚督查巡查工作实施方案》等制度性文件①，承担"五个一批"和安全饮水、危房改造、道路建设任

---

① 定西市扶贫攻坚领导小组办公室：《定西市精准扶贫政策文件汇编》，内部资料，2015 年 5 月。

务的行业部门分别制定出台相关政策文件或实施方案，各县区也相继出台和完善"1 + N"的脱贫攻坚系列文件，从而形成了涉及农村贫困各种原因、农村社会经济各项短板、政府各个部门、社会各个行业的精准扶贫政策体系，并在之后的具体政策实施行动中，依据农村贫困状况的变化，以及各种项目的进展状况，不断调整政策阶段目标、使实施细则更加具体、进行不同阶段的工作重点转换、创新政策内容、强化政策实施保障机制等。

（3）主要内容

定西市精准扶贫精准脱贫政策的主要内容可归纳为"六大突破"和"五个一批"。所谓"六大突破"就是重点对基础设施、富民产业、易地搬迁、公共服务、金融支撑、技能培训六个方面的任务规划进行分年度，分县区，到村、到户、到人的详尽脱贫任务进行编制和投资估算。在基础设施建设方面，确保到2020年贫困村道路通畅，水、电、路、信息等网络体系齐全，全面改善贫困村生产生活条件，彻底解决贫困地区脱贫致富的瓶颈制约。在富民产业培育方面，充分发展贫困地区资源优势，到2020年，初步建成种养加、产供销协调推进的多元富民产业体系。在易地搬迁方面，到2017年，力争对有搬迁条件和意愿的贫困人口完成搬迁，确保搬得出、稳得住、能发展、可致富。在公共服务方面，进一步完善农村低保、五保供养、新农保和临时救助制度，确保所有困难群众生活标准高于国家扶贫标准。完善社会保障兜底功能，减少因学、因病、因灾造成的致贫和返贫。在金融支撑方面，到2016年，使所有有劳动能力、有发展生产贷款意愿、有技能素质和一定还款能力的建档立卡贫困户，都能够得到精准扶贫专项贷款。在技能培训方面，创新"雨露计划"、大力发展职业教育，加快农村青壮年劳动力的技能培训，推进农民工市民化进程，实现教育输转、劳务输转和就地城镇化输转的有机结合，彻底摆脱自然资源贫瘠造成的贫困。

围绕贫困人口全部脱贫目标实施"五个一批",即发展生产脱贫一批、易地搬迁脱贫一批、生态补偿脱贫一批、发展教育脱贫一批和社会保障兜底一批。具体而言,发展生产脱贫一批是针对有劳动能力的贫困人口,进行职业技能培训,培养其掌握一技之长,支持其通过务农、务工或创业来实现增收、摆脱贫困;易地搬迁脱贫一批是针对贫困地区生存资源不足、难以支撑实现就地脱贫的情况,实行整体搬迁政策,同时做好搬出地的政策衔接工作,确保贫困人口搬出后能稳定脱贫、发家致富;生态补偿脱贫一批是针对生态环境脆弱、急需保护的贫困地区,引导当地农民退耕还草、还林,利用生态补贴,以及创造生态保护岗位的方式使一部分贫困人口脱贫;发展教育脱贫一批是针对贫困地区教育事业落后和"因学致贫"等问题,改善贫困地区办学条件,大力普及基础教育和发展职业教育,出台向贫困家庭学生倾斜的人性化和精细化的扶贫政策;社会保障兜底一批是针对无劳动能力的老弱病残等农村弱势群体,统筹衔接社会保障制度和社会救助制度,对困难群众的基本生活实行全面兜底政策。

2. 定西市精准扶贫精准脱贫的运行机制

定西市全面客观分析扶贫开发面临的形势和任务后,为了举全市之力集中突破、补齐短板,紧盯贫困村,瞄准贫困户,确保政策向扶贫倾斜、资金向扶贫聚集、项目向扶贫靠拢,对扶贫对象精准识别、精准施策、动态管理。

(1)精准识别机制

面对以往扶贫对象选择不准、针对性不强,资金"撒胡椒面"等客观存在的弊端,定西市组织相关人员赴广东清远市进行学习考察后,先后制定出台实施意见,包含做好精准扶贫示范、深化帮扶行动助推精准扶贫、健全和完善贫困村驻村帮扶工作等 22 项推进精准扶贫的政策、措施。① 首先通过对帮扶干部进行培训，每个干部进村入户后通过多种形式，向老百姓宣传介绍贫困人口识别政策、程序和建档立卡工作的内容要求。健全扶贫档案，按照贫困村"一公示一公告"、贫困户"两公示一公告"要求，扎实有序开展扶贫建档立卡工作，通过农户申请、村民评议、逐级审核、张榜公示等程序，瞄准最贫困的村社、最困难的群众，确保扶贫对象识别准确有效，全面完成了贫困村、贫困人口的调查、摸底和识别，建立健全了 869 个贫困村、83.92 万贫困人口档案，并将相关信息全部录入"建档立卡信息采集系统"，做到了户有卡、村有册、乡有簿、县有档。随后，对确定的贫困村户深入分析因灾、因病、因婚、因学等致贫原因，将其划分为四种类型：生产生活条件恶劣型、生产生活条件落后型、技能缺乏型、产业滞后型，并根据致贫原因和发展需求，为所有贫困村户量身制定脱贫计划，做到对象、任务、措施、责任"四明确"，为针对性帮扶奠定基础。通过精准识别扶贫对象，科学划分贫困类型，选派驻村干部针对性帮扶，定西市有效解决了"扶谁""谁扶"和"怎么扶"三大问题，实现了扶贫开发由"大水漫灌"到"精准滴灌"的转变。

（2）精准帮扶机制

为了使精准扶贫措施落到实处，定西市建立了"抱团攻坚机制"，整合发改、财政、交通、水务、电力、人社等部门项目资金向贫困乡、贫困村、贫困人口倾斜，有效解决了贫困乡村行路难、吃水难、看病难、上学难和住房难等问题；建立了干部包村包贫困户责任机制，实行"一村一业一单位、一户一策一干部"结对帮扶，共有 869 个驻村帮扶工作队、1081 个帮扶单位、4.2 万名干部结对帮扶贫困户 19 万户、84 万人，实现所

① 《定西市实施精准扶贫综述：决不让一个贫困家庭掉队》，http：//www.dingxi.gov.cn/art/2015/4/27/。

有贫困户帮扶干部全覆盖；精心编制了县、村两级扶贫攻坚行动实施方案，为所有贫困户逐户制定了脱贫计划，做到了扶贫对象、扶持项目、脱贫时间、责任人员四明确；根据贫困户的自身条件，实行分类指导、因户施策，将所有的扶贫资金、项目、物资投放到贫困户；采取倒排时序的办法，做到减贫目标任务、扶贫措施、时间进度、考核验收"四到户"，真正做到扶贫工作对象精准、措施办法精准、摘帽时间精准、考核验收精准"四精准"，确保了限时按标准"摘帽"；坚持典型引路，在通渭县、陇西县、临洮县3个县和全市10个乡镇、139个村集中开展精准扶贫示范点建设。深入开展"人大代表在行动""能人引领、强村带动"等活动，切实提高帮扶实效，先后投入社会扶贫资金32.51亿元，有效改善了农村生产生活条件，增加了农民收入。

（3）精准退出机制

在总结以往"退出摘帽"经验的基础上，定西市以2个未摘帽县、119个未退出贫困村、4.16万剩余未脱贫人口为重点，① 按照年度减贫目标任务、扶贫措施、时间进度、考核验收"四到户"的工作要求，建立贫困人口定点"摘帽"机制。持续深入开展产业扶持、转移就业、生态补偿、医疗救助、教育资助、住房保障、安全饮水、内生动力"八大冲刺"攻坚行动，积极对接贫困户发展意愿，及时制定落实未脱贫户"一户一策"精准脱贫计划和脱贫不稳定户"一户一策"巩固提高计划，精准落实到户到人政策措施，全力保障稳定脱贫。努力做到"六个严守、六个不打折扣"。② 一是严守"两不愁、三保障"底

---

① 《定西精准施策确保实现"双胜利"》，《甘肃经济日报》2020年3月20日。

② 《以习近平总书记视察甘肃重要讲话和指示精神为指引守初心担使命深化脱贫攻坚　坚决攻克最后的贫困堡垒》，http：//fpb.dingxi.gov.cn/art/2019/10/14/art_ 8132_ 1231869.html。

线，在坚决完成冲刺清零任务上不打折扣。通过近一年的"六查六清四提升"和"3＋3"① 冲刺清零行动，全市"两不愁、三保障"问题已基本解决，但还存在一些薄弱环节。二是严守"脱真贫、真脱贫"底线，在严把贫困退出验收关口上不打折扣。严格对照贫困人口、贫困村、贫困县退出验收标准和程序，研究制定全市脱贫退出验收工作方案，组织市直各行业部门制定标准、细化方案、抓好培训、严格程序，切实靠实单项验收责任，有序开展贫困人口市级抽验、贫困村退出市级验收和贫困县退出市级初审工作，确保真脱贫、脱真贫。三是严守"不漏一村、不落一人"底线，在保障深度贫困地区如期脱贫上不打折扣。以全市4个省定深度贫困县、34个深度贫困乡镇、557个深度贫困村为重点，督促指导县区和行业部门把心思、目标、决策、干劲、力量、资金、项目、督查、考核、问责十个重心向深度贫困地区聚焦，紧跟脱贫攻坚形势调整完善深度贫困地区脱贫攻坚实施方案，进一步强化攻坚举措，逐村逐户、逐人逐项解决问题，坚决攻克最后的贫困堡垒。四是严守"稳定脱贫不返贫"底线，在巩固提升脱贫攻坚质量上不打折扣。在精准落实未脱贫人口"一户一策"帮扶计划的基础上，对已脱贫人口和低保户、残疾户、大病户、受灾户、教育支出较大户、

---

① "六查六清"：一查安全饮水保障情况，确保农村饮水安全巩固提升任务清零；二查安全住房保障情况，确保危房改造和易地扶贫搬迁任务清零；三查义务教育保障情况，确保控辍保学和教育资助任务清零；四查基本医疗保障情况，确保医疗救助和卫生室建设任务清零；五查农村电力保障情况，确保所有自然村动力电改造任务清零；六查通村道路通畅情况，确保建制村通村道路硬化任务清零。"四提升"：一是"一户一策"精准提升，实行"一季一调整、一月一监测"；二是产业扶贫质量提升，落实到户产业扶持政策；三是农村人居环境改善提升，加快推进农村人居环境整治工作；四是村级集体经济稳固提升，全面巩固村集体经济"空壳村"消除成果，持续增加村级集体经济收入。"3＋3"："住房、教育、医疗"三保障＋"安全饮水、产业扶贫、易地搬迁"。

扶贫信访户等"边缘户"进行监测监管，对照"一超过、两不愁、三保障"脱贫标准，对脱贫不稳定的采取有针对性的扶持措施，对符合扶贫建档立卡条件的及时识别纳入并采取有针对性的帮扶措施，对存在实际困难的积极协调帮助解决。五是严守"四个不摘"底线，在加强脱贫人口后续扶持上不打折扣。全面落实省脱贫攻坚领导小组《关于贫困县摘帽后继续加大工作力度切实做到"四个不摘"的若干意见》，持续巩固提升脱贫成果。六是严守"六大任务"底线，在深化拓展社会帮扶成效上不打折扣。抢抓东西部扶贫协作重大战略机遇，持续对接落实好东西部扶贫协作组织领导、产业合作、劳务协作、人才交流、资金使用、携手奔小康"六大任务"，积极学习引进先进发展理念，增强带贫效应，激发内生动力，全力推动社会帮扶工作取得更大实效。

（二）定西市精准扶贫的重要举措

定西市的扶贫开发经历了以解决生存为主的救济式扶贫、以解决温饱为主的开发式扶贫，正在实施以全面建成小康社会为目标的精准式扶贫脱贫。党的十八大以来，定西市按照党中央精准扶贫精准脱贫方略，以精准脱贫为主攻方向，按照中央统筹、省负总责、市县抓落实的要求，对接甘肃省"1＋17"精准扶贫政策思路，切实解决好"扶持谁""谁来扶""怎么扶"的问题，努力提高脱贫攻坚成效，探索形成了新时期脱贫攻坚的有益做法，初步走出了一条具有定西特色的精准扶贫精准脱贫新路子。

1. 因地制宜落实精准帮扶措施

按照中央扶贫开发工作会议的要求，定西市在精准扶贫精准脱贫工作中，坚持把做好规划引领、强化政策保障作为重要举措，把建档立卡作为精准扶贫精准脱贫最关键、最基础的工作，不断理清工作思路，完善工作举措，推动任务落实。对贫困对象进行精准分类，大力实施"五个一批"工程，发展生产脱贫一批，对有劳动能力的，通过支持发展优势特色产业实现就地脱贫；易地搬迁脱贫一批，对很难实现就地脱贫的，通过整合危房改造、易地搬迁等项目资金及精准扶贫贷款，支持贫困群众进城落户和向小城镇转移，确保搬得出、稳得住、能致富；生态补偿脱贫一批，对生态特别重要和脆弱地区的贫困人口，通过争取实施生态治理和生态保护项目实现脱贫；发展教育脱贫一批，坚持治贫先治愚、扶贫先扶智，不断改善贫困乡村办学条件，加大教育扶贫力度；社会保障兜底一批，对完全或部分丧失劳动能力的，通过纳入低保覆盖范围，实现社保政策兜底脱贫。推行扶贫对象实名制管理，规范建档立卡，完善精准扶贫大数据平台，加强动态管理，健全退出机制。

2. 加快改善生产生活条件

以贫困村为重点，大力实施基础建设、社会事业及产业开发项目，推动贫困村生产生活条件持续改善。实施农村饮水安全巩固提升工程，解决所有贫困村饮水安全问题。实施农村通畅工程，2016 年所有建制村通沥青（水泥）路。实施新一轮农网改造升级工程，实现动力电自然村全覆盖。加大危房改造力度，实现贫困村、贫困户危房改造全覆盖。

3. 大力发展多元富民产业

发展壮大优势特色产业、农产品加工业和劳务经济等富民增收产业，因地制宜培育草产业、小杂粮、经济林果、苗木和花卉等区域特色产业，扶持发展贫困人口参与度高的特色种养业、加工业、服务业，拓宽贫困群众增收渠道，实现"村有主导产业、户有致富门路"。实施"农产品产地初加工惠民工程"，促进贫困群众就地就业创业，持续增加工资性收入。培育发展龙头企业、农民专业合作社等新型经营主体，完善与贫困户利益联结机制，提高贫困户进入市场组织化程度，解决贫困群众增收难题。完善农村物流体系，打通农产品到餐桌和超市两条通道。深入推进电商扶贫、旅游扶贫、光伏扶贫，不断探索产业扶贫的新途径。

4. 全面提升公共服务水平

加快发展农村学前教育，有效解放贫困家庭劳动力；全面完成农村义务教育薄弱学校改造任务，促进城乡义务教育均衡发展；加强职业教育技能培训，增强贫困家庭脱贫致富能力；完善免、减、助、奖、贷、补等多元助学机制，阻断因学致贫；落实医疗救助、大病保险、临时救助等政策，解决因病致贫问题；争取招生扶贫专项政策，优先保障贫困家庭学生接受高等教育。加快贫困村标准化卫生室建设，提高贫困人口新农合住院费用和大病保险报销比例。大力实施文化扶贫工程。切实强化贫困人口社会保障，逐年提高农村低保保障标准，稳步提高五保供养标准，实现农村特殊群体养老保险全覆盖。建立健全农村留守儿童和妇女、老人关爱服务体系。

5. 着力创新精准脱贫机制

全力构建专项扶贫、行业扶贫、人才扶贫、社会扶贫等多元化扶贫格局。建立扶贫投入稳定增长机制，市县财政每年用于脱贫攻坚的支出占财政总支出的70%以上。加大扶贫资金整合力度，加强扶贫资金阳光化管理。加快农村金融改革创新步伐，积极推进金融扶贫。鼓励贫困户以生产要素入股参与兴办农产品加工企业，探索对贫困人口实行资产收益扶持制度。创新农业合作经营模式，实现贫困户参与各类农村合作经济组织全覆盖。引导鼓励贫困群众发挥首创精神，靠辛勤劳动改变贫困落后面貌，切实提高贫困地区和贫困群众脱贫攻坚的主观能动性。探索推广支部、企业、合作社等"＋扶贫"精准脱贫模式，动员全社会力量广泛参与扶贫事业。

6. 全面落实精准脱贫责任

各级党委、政府和市县相关部门都要把脱贫攻坚作为头等大事和第一民生工程来抓，层层签订责任书、立下军令状，做到分工明确、责任清晰、任务到人、考核到位。认真实施"853"精准脱贫管理办法，实行各级领导干部包抓责任制，建立年度脱贫攻坚报告和督查制度，加强督查问责。全面落实"一村一业一单位、一户一策一干部"结对帮扶机制，加强对精准扶贫工作队的管理。把夯实农村基层党组织同脱贫攻坚有机结合起来，选好一把手、配强领导班子。完善脱贫攻坚业绩考核评价办法，健全激励约束机制，把脱贫攻坚实绩作为选拔任用干部的重要依据，在脱贫攻坚第一线考察识别干部。

7. 加快补齐全面小康短板

对脱贫难度较大的重点贫困村，制定专项帮扶政策，靠实领导包抓责任，加大投入保障力度，尽快补齐短板，确保如期同步实现脱贫。对小康实现程度较低的贫困县，加强资源整合，给予倾斜支持。对照全面小康标准，巩固提高较好指标，集中攻坚人均生产总值、城乡居民人均收入、城乡居民收入比等落后指标，通过精准施策加快全面小康实现进程。

（三）定西市精准脱贫的成效

1. 减贫任务接近完成，收入水平明显提高

全市累计减少贫困人口80.08万人，贫困人口由2013年的84.24万人减少到2019年年底的4.16万人，贫困发生率由

31.7% 下降到 1.58%；全市 1101 个贫困村有 982 个脱贫退出，贫困村累计退出比例达到 89.2%；安定区、陇西县、临洮县、渭源县、漳县 5 个县区历史性地实现脱贫摘帽；贫困群众"两不愁"质量水平明显提升，"三保障"突出问题总体解决。2013—2019 年，全市农民人均可支配收入由 3612 元增加到 8226元，年均增长 14.7%；全市建档立卡贫困人口人均可支配收入由 2492 元增加到 6799 元，年均增长 18.2%。

2. 产业扶贫成效显著

定西市全面落实国家、省、市脱贫攻坚和产业扶贫的一系列决策部署，坚持把脱贫攻坚作为头号工程和首要政治任务，以产业扶贫统揽脱贫攻坚行动，紧紧围绕打造中国药都、中国薯都、中国西部草都和全国特色种子种业基地的目标定位，总结推广"551"产业扶贫模式（构建"特色产业—品质标准—带动主体—营销体系—风险防控"为一体的全产业发展链条，建立"扶持政策—三变改革—技术培训—责任体系—基层组织"为一体的全产业支撑体系，打造定西陇原品牌），全面构建"7＋X"产业覆盖体系和以八个扶贫小微业态为补充的产业扶贫格局。全市 75% 的农户依靠发展产业有了稳定的收入来源，实现了特色产业对贫困村、脱贫人口的全覆盖，为今后长期稳定脱贫打下了坚实基础。① 整合加大到户资金投入，因户制宜发展脱贫产业。2019 年全市 3.65 万户贫困户、14.29 万贫困人口通过产业扶持实现脱贫。着力发展优势产业，促进特色产业提质增效。推广马铃薯、中药材、果蔬标准化种植技术近 500 万亩。培育壮大农业产业化龙头企业、农民专业合作社示范社、家庭农场等带动主体，着力增强助农增收能力，龙头企业发展

① 《定西市推进产业扶贫成效明显》，http：//fpb. dingxi. gov. cn/art/2019/5/29/art_ 8192_ 1195323. html。

带动贫困人口 81862 人参与；发展农民专业合作社带动 16.3 万农户发展产业；扶贫车间吸纳贫困户 2994 人就业。着力健全市场体系建设，促进农特产品外销。全市建成农产品产地市场 125 个、农贸市场 80 个、外销市场 50 个，年马铃薯交易量为 100 万吨、外销量为 60 万吨，中药材年交易量为 30 万吨、年交易额达 180 亿元以上。利用福州定西东西部扶贫协作机遇，引导福州市 17 家龙头企业到定西市投资 3010 万元，带动贫困人口脱贫 1561 人。着力完善风险防控，提升保险保障水平。深化农村"三变"改革，激发产业扶贫动能。参与"三变"农户达 12.1 万户、44.96 万人，贫困户达 5.9 万户、22.74 万人，贫困户获得入股分红 4176 万元。

3. 教育扶贫成效明显

近年来，定西市紧紧围绕中央和省市打赢脱贫攻坚战的总体部署，按照"两不愁、三保障"和"发展教育脱贫一批"的总体要求，充分发挥教育在脱贫攻坚中的基础性、先导性作用，明确教育脱贫攻坚目标要求和任务措施，教育脱贫攻坚工作成效显著。[1] 落实法定职责，义务教育控辍保学成效显著。2018 年 2 月份以来辍学的 365 名适龄少年儿童中通过劝返已经复学 364 人，劝返率达 99.7%，建档立卡贫困家庭无学生因贫失学辍学。加大投入力度，薄弱学校办学条件得到有效改善。2014 年以来全市投入资金 21.9 亿元，其中市县投入 3.32 亿元，改造建设义务教育办学条件，农村学校全部实现了标准化，"20 条底线"办学标准提前完成，初中和小学生均校舍面积达到了 14.6 平方米和 7.2 平方米，有效保障了农村孩子就近接受良好基础教育的权利。创新发展模式，学前教育得到快速发展。

---

[1] 《定西市教育脱贫攻坚成效显著》，http：//www.dingxi.gov.cn/art/2019/2/8/art_ 3_ 1142655. html。

2015 年以来，投入资金 4.5 亿元，改造建成行政村幼儿园 858 所，实现了 1000 人以上有需求的行政村幼儿园全覆盖，有接受教育能力的适龄儿童全部接受义务教育，各类助学政策得到全面落实，全市学前三年毛入园率达 96.53%。升级应用水平，优质教育资源实现共享。2014 年以来，定西市投入资金 2.18 亿元，为义务教育阶段学校配备多媒体班班通教学设备 8081 套、计算机 2.4 万台，进一步完善了"三通两平台"建设与应用。定西市全面建立了覆盖学前教育、义务教育、普通高中教育、中职教育和高等教育等各个学段的学生资助体系，累计资助学生 137.8 万人，落实资助资金 22.3 亿元，九年义务制教育巩固率达 97.69%。完善激励措施，乡村教师待遇全面提升。

4. 易地扶贫搬迁任务基本完成

截至 2020 年年初，定西市"十三五"易地扶贫搬迁建设任务基本完成，群众全部实现搬迁入住，安置区产业培育和就业帮扶成效明显，贫困群众实现稳定脱贫的产业基础不断巩固提升。搬迁的 1.79 万户 7.95 万名建档立卡群众中，有 1.68 万户 7.54 万人实现稳定脱贫，脱贫率为 94%，易地扶贫搬迁工作取得了决定性进展。[①] 投入易地扶贫搬迁资金 37.2 亿元，新建（购买）安置住房 2.09 万套，已全部竣工，7 县区搬迁的 2.09 万户 9.23 万人已全部入住。投入易地扶贫搬迁资金 12.56 亿元用于安置点水、电、路等基础设施和学校、医疗等公共服务设施建设。投入易地扶贫搬迁资金 4.98 亿元用于后续产业项目。1.73 万户有劳动能力的建档立卡贫困户中，有 1.41 万户实现 1 人及以上家庭就业，占比 81.4%。拆旧复垦稳步推进。共拆除旧房 1.41 万套，拆除率为 81.6%。梳理出的 21 类 2480 个易地

---

① 《定西市易地扶贫搬迁工作成效显著》，http：//www. dingxi. gov. cn/art/2020/4/20/art_ 3_ 1283821. html。

扶贫搬迁冲刺清零问题全部完成整改。7 县区落实整改资金 1.05 亿元，累计拆除重建安置住房 34 套，维修加固 2230 套。

5. 基础设施和社会保障助力脱贫兜底

定西市为 21.35 万户农户实施了危房改造，2.09 万户 9.23 万人实施了易地扶贫搬迁，农村住房安全得到全面保障；建制村全部通沥青（水泥）路，乡、村公路通畅率达 100%，群众出行难的问题得到有效解决；农村集中供水率达到 93% 以上，自来水普及率达到 91% 以上，群众吃水难的问题得到全面解决；行政村全部接通动力电和宽带网络，15 万户农户用上了卫生厕所，建成美丽乡村示范村 195 个，农村面貌得到极大改善。为继续加强农村低保与扶贫开发的有效衔接，定西市落实落细低保、医保、养老保险、特困人员救助供养等社会保障政策，对完全丧失劳动能力和部分丧失劳动力且无法依靠产业就业帮扶脱贫的建档立卡贫困人口，给予兜底保障。① 高度重视"老、弱、病、残"等特殊困难群体脱贫工作，对农村低保家庭中的"四类"重点救助对象，综合运用多种措施，保障基本生活。健全完善贫困家庭"三留守"关爱服务体系。继续提高农村低保标准和补助水平及特困人员救助供养标准。从落实新型农村合作医疗、贫困村居民最低生活保障和养老院福利机构建设等政策措施入手，全面落实建档立卡贫困人口参保资助和合规医疗费用基本医保报销支持政策，积极改善民生。实现基本医疗保险、大病保险、医疗救助保障贫困人口全覆盖；所有村卫生室达到了标准化建设要求、配备了合格村医；农村一、二类低保年人均补助水平分别提高到 4428 元和 4200 元，农村特困人员基本生活标准提高到每人每年 5760 元，特困人员照料护理标准

① 《定西市 2020 年脱贫攻坚工作要点》，http://zwgk.dingxi.gov.cn/module/download/。

按照全自理、半自理、全护理三个档次每人每年分别补助 1440 元、2640 元、3840 元；2019 年全市城乡居民基本医疗保险参保人数为 256.22 万人，城乡居民基本医疗保险基金支出总额为 19.91 亿元；增加新农合分级诊疗病种和门诊特殊病种，提高普通门诊补偿封顶线，累计受益 377.87 万人次。提高农村一、二类低保年人均补助水平、农村五保分散供养、集中供养补助水平。2019 年共发放城乡低保金 6.31 亿元。全市城乡特困供养人数 1.35 万人，发放特困供养金 0.92 亿元；发放孤儿基本生活保障金 0.11 亿元，共保障孤儿 715 人；发放临时救助资金 1.99 亿元，救助城乡困难群众 19.64 万人[①]。农村公共服务体系不断完善，群众获得感、幸福感更加充实、更有保障、更可持续。

6. 生态治理与脱贫攻坚互促双赢

定西市牢固树立绿水青山就是金山银山的理念，坚持生态立市战略不动摇，生态建设和脱贫攻坚两手抓，用心打好生态绿化、经济林果、林下经济、林木种苗花卉、生态旅游休闲"五张牌"，努力实现生态治理与脱贫攻坚互促双赢。2015 年以来，全市完成退耕还林、三北防护林和天然林保护工程等重点生态工程造林封育 122.06 万亩，城区乡镇面山绿化 37.15 万亩，生态廊道绿化 1000 多千米 5 万多亩，义务植树 6358 万株，森林覆盖率达到 12%。全市林木种苗面积达 8.7 万亩，年均出圃各种苗木 1 亿株左右，销售收入 1.2 亿元以上。参与林下经济发展的农户达 6.62 万户。近四年来全市参与林业重点工程造林绿化务工的农户达 156 万人次以上，每年惠及 2.6 万户贫困户。2015 年以来全市共完成退耕还林工程建设任务 70.28 万亩，任务覆盖建档立卡贫困户 2.5 万户，户均从退耕还林补助中增

---

① 《定西：让"阳光低保"惠及每一个最需要的特困群众》，http：//gansu.gscn.com.cn/system/2019/11/27/。

加收入4200元。狠抓森林资源保护，落实补偿政策。全市共有集体及个人公益林补偿面积390万亩，每年共有4000多万元补偿资金通过"一折统、一卡通"发放到农户手中，其中建档立卡贫困人口占到30%。2015年以来，全市累计培训农民林业技术10.5万人次。认真组织实施福州·定西水土流失综合治理（生态林）项目工程。2017年以来，在项目建设中共吸收建档立卡贫困户务工147户，达到用工总人数的25%以上，贫困户实现劳务收入70多万元，户均达到4700多元①。

截至2019年年底，全市剩余4.16万贫困人口，有119个未退出贫困村和通渭县、岷县2个未摘帽县，全市还排摸出2.43万脱贫监测人口和4.95万边缘人口，促脱贫、防返贫、阻致贫的任务艰巨。目前，正在全市范围内集中开展以"四巩固六提升五促进"为主要内容的"百日大会战"行动，确保按期高质量完成脱贫攻坚任务。"四巩固"，就是全面巩固"三保障"＋安全饮水清零成果，确保实现无因贫失学辍学、基本医疗保障全覆盖、贫困人口居无危房、饮水安全稳定。"六提升"，就是大力实施"5＋1"专项提升行动，确保贫困人口人均纯收入稳定达到4000元，易地搬迁群众搬得出、稳得住、能脱贫，群众出行难问题得到有效解决，东西部扶贫协作和中央单位定点扶贫机制持续固化拓展，兜底保障应保尽保、兜实兜牢。"五促进"，就是采取切实可行的措施，促进农村人居环境、村级集体经济、消费扶贫、光伏扶贫、动力电改造5项工作取得实效，全面提高脱贫质量，提升脱贫成色。

---

① 刘晟宇：《做好山水文章　聚力生态脱贫——定西市狠抓生态建设助推脱贫攻坚》，《发展》2018年第9期。

三 定西市马铃薯产业扶贫案例

定西市位于青藏高原下延区与黄土高原抬高延伸区的交会地带，海拔高、气候冷凉，但光照充足，昼夜温差大，适合马铃薯植株光合产物的合成和干物质积累。这些独特的地质地貌特征和气候、耕地资源及立地条件，使定西市成为全国马铃薯种植最佳适宜区之一。这里所产的马铃薯品质优良，尤以绿色、块茎大、淀粉含糖量高、干物质比例多，而享誉国内外，已被有关组织命名为"中国马铃薯之乡"和"中国马铃薯良种之乡"。多年来，定西市坚持走产业化扶贫之路，坚定不移地把马铃薯作为第一扶贫产业，发展壮大了特色产业集群，实现了产业发展与精准扶贫共赢。"十二五"期间，依托马铃薯产业直接带动4.1万户17.2万人脱贫。小小的马铃薯由不起眼的"土蛋蛋"蜕变为光闪闪的"金蛋蛋"[①]。

（一）定西市马铃薯产业发展阶段

改革开放以来，尤其是从2003年开始，定西市委、市政府按照"立足全国，着眼世界，大力发展马铃薯产业，并尽快形成'块状经济'"的思路，组织省内外有关专家编制了《甘肃

---

① 《定西马铃薯：西北干旱地区脱贫致富的"金蛋蛋"》，《中国农民合作社》2017年第8期。

省定西市马铃薯特色优势产业链规划》，着力在继续扩大马铃薯面积，实现区域布局科学化；提高马铃薯加工增值能力，实现产品系列多元化；扩大马铃薯外销，进一步提高市场竞争力，实现出口创汇"三篇文章"上下功夫。坚持从实际出发，发挥区域资源优势，发展特色富民产业，大力实施产业富民战略，着力培育马铃薯富民工程，全市马铃薯产业得到了长足的发展，已成为富民强市的朝阳产业和主导产业。

定西马铃薯产业发展经历了由小到大、由自给自足阶段到规模化、产业化、商业化的演变历程。

第一，自给自足阶段（1996年以前）。从中华人民共和国成立到1996年的40多年间，作为定西市传统的农作物，马铃薯种植面积一直在100万亩左右，最高年份达110万亩，占当时粮食播种面积的10%左右，总产量在100万吨左右。农民收入主要是靠农业，农村人均农业纯收入发展速度较慢，而且在这一阶段，全市马铃薯主要是农民群众自发种植，布局零星化、分散化，生产主要是家庭经营，生产技术落后，基本上是靠天、靠雨种植，产量低；薯种主要是传统的农用薯种，不足10种，较单一，产量低；新薯种引进、研发少，推广范围小，大大地不利于马铃薯产量的提高。所产马铃薯用途主要以群众自食为主，无外销，商品化率低。在马铃薯加工方面，有少量的小型家庭加工小作坊从事低级的马铃薯加工，但是产品仅限于初级的粗淀粉、粉丝、粉条等，加工率占不到总产量的1%，市场化程度极低。

第二，发展培育阶段（1997—2002年）。自1996年定西市开始实施"洋芋工程"以来，从扩大种植面积、改良品种、提高产量入手，开始探索向外销售和淀粉加工，使自给自足的传统农业从"洋芋工程"建设开始逐步向商品农业转变。1998年又将马铃薯列为定西市的第一大支柱产业来开发，使得马铃薯产业在定西种植规模迅速提高，相关的加工企业逐步在定西落户，马铃薯产业集群初步形成，马铃薯市场化程度逐步提高，形成了较为成熟的马铃薯良种薯的研发推广科研与技术创新网络，马铃薯产业各环节的企业农户关系由原始的、松散的基于资源主导的企业关系转变为基于市场的科学合理的现代网络产业关系。

第三，块状经济雏形阶段（2003—2011 年）。1996—2002 年，定西市马铃薯产业有了较快发展，但由于产业发展尚还处于初级阶段，不可避免地存在许多问题，如盲目扩大种植区域，造成产地布局混乱；企业多而不强，龙头企业数量少辐射带动力不强；马铃薯良种推广慢，不能与市场需求相对接；加工企业技术落后，消化吸收能力有限等，这极大地限制了定西市马铃薯产业的发展。面对这种问题，从 2003 年开始，定西市委、市政府组织省内外有关专家编制了《甘肃省定西市马铃薯特色优势产业链规划》，着力在继续扩大马铃薯面积、提高马铃薯加工增值能力、扩大马铃薯外销上下功夫。经过几年的努力，定西市马铃薯产业的"块状经济"雏形初步形成。

第四，产业提升阶段（2012 年以后）。2012 年 7 月，甘肃省定西市安定区马铃薯经销协会申报注册的"定西马铃薯"证明商标，被国家工商总局以商标驰字〔2012〕380 号认定为中国驰名商标，这对于进一步提升马铃薯产业开发层次，提升该市经济竞争力和产业集聚力，扩大国内国际市场份额，推进"中国薯都"建设进程具有极大的作用，标志着定西市实施马铃薯地域品牌战略和产业提升战略取得重大突破。2015 年，定西马铃薯产业总产值达到了 135 亿元，薯农产业纯收入达到了 1280 元，占当地农民人均可支配收入的 22%。

（二）定西市马铃薯产业发展现状

近年来，马铃薯产业按照科学化布局、集约化种植、标准化生产、精深化加工、品牌化营销的总体思路，呈现出强劲发展势头，种植面积由 6.67 万公顷（100 万亩）发展到 20 万公顷以上，在全国地级市中位列第二位，总产量由不足 100 万吨提高到 500 万吨，位居全国第 1 位。2017 年，全市农民每年来自马铃薯产业的收入达 1600 元/人，占到农民人均可支配收入的 25%。马铃薯产业已经成为定西市城乡经济发展和繁荣的特色产业，也是农民增加经济收入的重要渠道。

1. 良种繁育体系建立健全

定西市被农业部认定为全国第一批区域性马铃薯良种繁育基地。国际马铃薯研究中心亚太地区在渭源县挂牌成立了首家工作站。定西已形成规范完善、全国领先的脱毒种薯三级繁育体系。全市共有种薯生产企业 32 家，年产脱毒种薯 200 万吨以上、原原种 12 亿粒以上。2019 年全市建设原种扩繁基地 10 万亩，一级种扩繁基地 91.5 万亩。截至目前，生产原原种 7.05 亿粒。脱毒种薯除满足市内需求外还销往省内各地及内蒙古、四川、贵州、河北、安徽、青海等 10 多个省（直辖市、自治区），部分脱毒原原种出口沙特阿拉伯、土耳其、埃及、俄罗斯等国家。

2. 标准化种植水平不断提高

定西市马铃薯年种植面积稳定在 300 万亩左右、产量超过 500 万吨，分别列全国地级市第二位和第一位。全市已形成了南部高海拔高寒阴湿区种薯繁育、中北部黄土高原丘陵沟壑干旱半干旱区淀粉加工型和鲜食商品型、河谷川水区早熟菜用型和加工专用型三大生产基地。依托新型经营主体，大力推广"黑膜覆盖＋脱毒种薯＋配方施肥＋统防统治＋机械化耕作"等实用技术，标准化种植面积达 270 万亩左右，占全市马铃薯播种面积的 90%，建成了安定香泉、称钩、鲁家沟，临洮漫洼、站滩，陇西首阳、福星，渭源五竹、会川等一批规模连片、技术集成程度高、示范带动作用明显的标准化种植基地。

3. 精深加工能力不断提升

全市已建成万吨以上马铃薯加工龙头企业 28 家，其中国家级重点龙头企业 2 家、国家级主食加工示范企业 2 家，省级 16 家，加工能力达 81 万吨。加工产品主要有全粉、变性淀粉、膨化食品、主食产品等，形成"吃干榨尽"式循环链条。特别是抢抓国家主粮化战略实施机遇，已经开发推广的马铃薯主食有马铃薯馒头、面条、糕点、饼干、馕、方便粉丝、清真烤馍 7 大类、16 个品种、20 余种口味，开发了富有地域特色的"马铃薯宴"。

4. 市场流通体系不断健全

全国首家国家级马铃薯批发市场一期工程建成并投入运营，全市现有较大规模马铃薯专业批发市场 6 个、中小型市场 50 多个，从事马铃薯产业的农民专业合作社达到 1521 个，家庭农场达到 105 个，贩运大户 3200 余户。每年销往北京、上海、广东、福建、河南、云南、四川、贵州等 10 多个省（直辖市、自治区）的鲜薯达 200 万吨，深受中原、华南、西南市场消费者的青睐。另外销往西班牙、沙特阿拉伯、阿联酋、迪拜等国外的马铃薯鲜薯及制品达 30 多万吨。同时，积极探索马铃薯销售新模式，组织马铃薯线上交易和线下体验销售活动，在淘宝、天猫、京东、善融等大型网络零售平台开设了马铃薯及其制品销售网店 260 多家。通过实施农产品产地初加工补助政策，全市建成各类贮藏窖（库）95 万座，马铃薯贮藏能力 350 万吨以上。

5. 科研体系逐步建立

依托科研院所和企业建成了甘肃省马铃薯工程技术研究中心、变性淀粉工程技术研究中心、马铃薯与特色果蔬速冻和精淀粉四个工程技术研究中心，甘肃省变性淀粉工艺与应用重点实验室，实现了马铃薯重点生产加工企业市级工程技术研究中心全覆盖。积极与国际马铃薯亚太中心、乌克兰苏梅国立农业大学、荷兰瓦赫宁根大学、中国农科院、先正达等国内外高校科研单位、技术推广部门联合开展品种引进、技术研发与应用，大力示范推广新品种、马铃薯高产高效种植技术、病虫害综合防控、主食产品科技研发生产等。全市制定审颁无公害马铃薯甘肃地方标准 10 项。

6. 地域品牌效应日益凸显

通过农业展会、营销促销、宣传推介、品牌打造、线上交易和线下体验，大力推介定西市马铃薯的地域优势和品质优势，全力打造从种薯、生产、贮藏、加工到销售的全产业链品牌优势。全市注册马铃薯品牌商标 37 个，"渭源种薯"等 5 个产品获国家原产地地理标记注册，"临洮马铃薯"被评为农业部地理标志产品，甘肃名牌产品企业 6 家，临洮"腾胜"牌等 5 个马铃薯产品获国家 A 级绿色食品证书，安定"大江"牌马铃薯获国家有机食品认证，"清吉"牌马铃薯精淀粉获国际金奖；"定西马铃薯"荣获中国驰名商标、全国十大魅力农产品、首届中国农民丰收节 100 品牌农产品和国家地理标志产品保护，安定区、渭源县分别被命名为"中国马铃薯之乡""中国马铃薯良种之乡"，安定区创建为全国马铃薯产业知名品牌示范区和第一批中国特色农产品优势区。2008 年以来，国家农业部和甘肃省政府连续 11 年在定西市举办了国家级马铃薯大会，定西市连续 10 次代表甘肃省参加了在北京、内蒙古和山东举办的中国国际薯业博览会。

（三）定西市马铃薯产业扶贫的内容与措施

1. 政府推动马铃薯产业扶贫

定西市成立了由四大班子主要领导、分管领导任组长的马铃薯产业工作领导小组，建立了联席会议制度，定期不定期召开专题会议研究部署产业工作，坚定不移地把马铃薯产业作为促进农民增收致富的第一产业来抓，专门制定出台了《加快建设中国薯都的意见》《加快产业转型升级的意见》《马铃薯主食产业开发三年实施方案》《脱毒种薯质量管理办法》《富民产业培育工程支持精准扶贫实施方案》《关于进一步深入推进马铃薯产业助推精准扶贫精准脱贫实施方案》等一系列配套文件，并坚持制定每五年马铃薯产业发展规划及年度工作要点，坚持一届接着一届干，全力培育马铃薯产业。建立健全了市、县两级马铃薯产业工作机构，成立了马铃薯主食产业开发联盟、种薯行业协会、淀粉行业协会，负责全市马铃薯及其制品行业管理、技术服务、信息发布、试验示范等工作，特别是市里专门成立了正县级的马铃薯产业发展办公室，各县区也成立了科级建制的马铃薯产业办；大力培育新型职业农民，培育田间地头"土专家""田秀才"，促进科技成果转化应用。同时，大力整合涉农项目资金，集中扶持产业发展，每年市级财政安排500万元、县区4000多万元支持马铃薯产业发展，重点支持新品种引进、基地建设、龙头企业、种薯繁育推广、标准化基地建设、主食产品研发等产业链节点发展，使定西市始终走在马铃薯产业推动精准扶贫的前列。

2. 多措并举促进马铃薯产业扶贫

一是金融支持产业扶贫，市县成立农业产业化信贷担保公司，协调各级金融机构优先向产业化龙头企业、合作社、贫困户发放产业扶贫贷款，已投放精准扶贫产业贷款65亿元。二是保险防范种植风险，全面落实马铃薯保险政策，最大限度减少农户因灾损失，2016年全市马铃薯承保188万亩，95%的种植贫困户受益。三是建设各类贮藏设施，延长加工周期，促进均衡上市，增加薯农收益。全市已建成各类贮藏窖库100万座，马铃薯贮藏能力达 350 万吨以上。四是实施"一分田"工程，从 2014 年开始实施脱毒种薯"一分田"工程，采取"政府补一点、企业让一点、农户筹一点"的筹资办法，每年选择 3.5 万户贫困户，每户种植原原种 0.1 亩，力争通过三年的努力，使全市 300 万亩马铃薯品种得到更新。通过自繁自种并与周边农户相互换种，贫困户马铃薯良种种植面积持续扩大。

3. 多主体参与马铃薯产业扶贫

在马铃薯农户与龙头企业、生产基地、各类农业合作社、行业协会之间，形成了产业链利益联结机制，主要以"企业 + 协会 + 基地 + 农户""企业 + 基地 + 农户""协会 + 基地 + 农户""营销大户 + 基地 + 农民"等模式，形成了产业链上企业、农户和营销大户三大主体风险共担、多方共赢的利益联结机制。到目前为止，定西市马铃薯产业集群化已经基本上完成初步升级，由依靠资源和市场为主导的初步集群向着技术主导的集群化发展，基本上形成了当前多方共建的产业格局。实现了马铃薯规模化种植，保障马铃薯品质稳定，极大提升了马铃薯收入比重，促进了贫困农民增收，加速了贫困薯农脱贫进程。定西市市内种薯生产企业有 32 家，吸纳贫困户就业 528 人；市内万吨以上马铃薯加工龙头企业有 27 家，吸纳贫困户就业 432 人。2016 年吸纳贫困户就业千人以上，人均收入 3 万元以上。2015 年，定西市马铃薯产业总产值达 135 亿元，薯农产业纯收入占农民人均可支配收入的 22%。

4. 多种方式结合促进马铃薯产业扶贫

为带动广大农民发展马铃薯产业，积极培育壮大农业产业龙头企业，2017 年定西市全市推行"龙头企业 + 合作社 + 农户"模式，通过直接投资、参股分红、保底收购、高于市场价收购等方式，建立原料供应基地 15 万亩，带动农户户均增收

3000 元以上。总结推广了"蓝天模式""凯凯模式"等龙头企业带动的农户发展模式，并在 2017 年的全国产业助推精准扶贫（甘肃定西）现场会和 2018 年甘肃省马铃薯产业扶贫现场会上进行了观摩学习交流。

（四）定西市马铃薯产业扶贫的成效

定西市坚持把马铃薯产业作为富民产业精心培育，立足全市 869 个贫困村制定出了马铃薯、中药材、草食畜、蔬菜、旱作农业等特色产业发展规划。市、县均成立了富民产业培育支持精准扶贫工作领导小组及其办公室，对马铃薯富民产业培育工作提出了年度目标任务，并细化分解到县区、乡（镇）、村，确保马铃薯富民产业培育各项工作落到实处。2016 年，10.6 万户贫困户（约占建档立卡贫困户 16 万户的 70%）种植 29 万亩，产量达 48 万吨；落实马铃薯承保 188 万亩，赔付金额达 4512 万元，95% 的种植贫困户受益；建成各类贮藏窖库 100 万座，贮藏能力达 350 万吨以上。采取项目资金跟着贫困村户走，在不改变项目资金用途的前提下，瞄准建档立卡贫困村户，近年来集中整合安排各类项目资金 8000 多万元，重点用于发展马铃薯等优势特色产业。采取贫困户跟着合作社走，随着马铃薯产业规模不断扩大，产业链也越来越长，从最初的种植、购销，延伸到繁育、种植、购销、仓储、加工、服务，涵盖了农工商三大产业。这一产业链上，产生了大量的商机和工作岗位，越来越多的贫困户从中受益。创新"企业 + 基地 + 贫困户"，引导贫困户以土地、精准扶贫专项贷款等入股企业或合作社参与分红，大力推行合作社、企业流转土地建基地、吸纳贫困户进入企业打工。其中，种薯生产企业带动贫困户建设 10 万亩种薯繁育基地，亩均收入达 7000 元以上；加工企业每年建设原料基地 70 万亩左右，带动贫困户种植 15 万亩，户均实现收入 1.5 万元；

专业合作组织、家庭农场带动 5.8 万户贫困户加入企业和合作社，户均年收入达 1800 元。2016 年，种薯生产企业吸纳贫困户就业 545 人；马铃薯加工龙头企业吸纳贫困户就业 436 人；主食加工企业建立专用薯标准化基地 5 万亩，带动 1 万贫困户种植 2.5 万亩。种薯企业与有条件的贫困村贫困户签订种植及收购订单，以高于市场价格收购，带动贫困户增收。采取合作社跟着企业走，实施"龙头企业＋合作社＋基地"模式，302 个马铃薯合作社与 56 个马铃薯龙头企业建立结对关系，把合作社作为龙头企业"第一车间"，实现企业做大、合作社做强、农民增收的多重效应。采取龙头企业跟着市场走，为打消农民顾虑，定西市通过建立经纪人队伍、建设专业市场等举措，逐步搭建起完善的马铃薯市场体系。如今，定西市已建立起国家级马铃薯综合交易中心和安定巉口、陇西文峰、临洮康家崖等 6 个大中型交易市场，有中、小型马铃薯交易市场 50 多个，参与马铃薯交易的农贸市场达 196 个。各类马铃薯交易市场吸纳贫困户季节性就业 6 万余人；培育贩运大户 3200 余家，带动 6900 多户贫困户从事马铃薯鲜薯销售经营。

（五）定西市马铃薯产业扶贫的经验

作为中国乃至全世界马铃薯最佳适种区之一，定西市把马铃薯作为一项脱贫致富工程来培育和推进，使马铃薯种植面积由 100 万亩发展到 300 多万亩，总产量由不足 100 万吨提高到 500 万吨，产业影响力由"中国马铃薯之乡"向"中国薯都"提升，功能效用由解决温饱跃居为支撑经济转型跨越的优势主导产业。从自给自足到规模扩张，到产业培育，再到现在的打造"中国薯都"，定西马铃薯产业经历了不平凡的发展历程，积累了丰富的产业发展经验。

第一，加强基础设施建设，改善农业生态环境，为马铃薯产业成长提供必备的基础条件。

定西市地处干旱半干旱的西北地区，受地域限制，生态环境比较脆弱，区内丘陵延绵，沟壑纵横，山体破碎，植被稀疏，水土流失严重；自然气候也比较严酷，干旱少雨，各种自然灾害频繁。再加上定西市工业基础落后，社会经济发展长期滞后，水利、电力等基础设施十分薄弱，使得区内农业基本上依赖自然，抵御自然灾害的能力非常低下。在以农业为主导产业的定西市，农民的收入主要来自于农业生产，但是恶劣的自然环境与落后的农业基础使得农业产出效益极低，农民收入低下，在20世纪80年代中期，贫困率高达23.9%，农村人均纯收入仅855元，贫困现象极为严重。

面对这种"一方水土养不活一方人"的恶劣自然环境和落后的经济状况，从1983年以来，定西市紧紧抓住国家实施扶贫攻坚的战略机遇，通过"三西"专向、扶贫贷款、以工代赈、财政扶贫、UNDP小额信贷扶贫项目等，进行开发式扶贫，其资金主要投资于水利、水保、交通、农电、集雨节灌、梯田建设、乡镇企业发展等方面，对改善区内落后的基础设施建设、农业生产基本条件发挥了重要作用，同时对改善区内农业生态环境也产生了积极的意义。

一是加强退耕还林等水土治理，改善农业生态条件。几十年来，定西市坚持生物措施与工程措施相结合，单项扶持与规模开发相结合，通过实施植树种草、兴修梯田、打坝淤地等一系列以工代赈项目，进行了以小流域为主的生态环境建设，投入1585.53万元，完成治理面积1.54万平方千米，占水土流失总面积的68%，建成治沟骨干工程9座，山区人均梯田达到2.16亩，水土流失治理程度达到35.7%。同时大力推行退耕还林、还草，建设优质牧草基地、整修梯田，封山禁牧、发展舍饲养殖。完成退耕还林2.51万亩，还草0.47万亩，耕地整修0.19万亩，实施封禁面积1566万亩。并创立了"种草养畜—建设沼气—沼渣肥田—增粮增收—改善生态"的生态循环经济模式，促进了农民在生态持续改善中就地增加收入，初步走出了一条草畜转化、肥气循环、农民增收及生态不断改善的良性发展之路。使定西市脆弱的生态走向自我修复，实现了生态效益和经济效益双赢。

二是开展"梯田＋水窖""121 工程"雨水集流等抗旱工程建设，增强农业抗旱能力。针对定西市降水量少且分布极不均衡，农村居民的基本生活饮水、养殖业及农业种植灌溉用水缺乏这一状况，定西市政府制定了"大中小型并举、以小型水利为主"和"三水齐抓"的水利建设方针，利用以工代赈资金建成了陇西渭北坪电灌、渭源峡口水库、临洮格致坪电灌等一批骨干工程，改建渠道 784 条，共 1731.65 千米，建成电力提灌 908 处，小提灌工程 94 处，新增有效灌溉面积 21.99 万亩。同时，梯田建设的长足发展，从根本上改变了定西土地的立地条件和土壤水分的微循环状况，全市累计兴修梯田 575 万亩，占坡耕地面积的 85%，全市有 64 个乡镇实现了梯田化，许多地方实现了"水不下山，泥不出沟"。1995 年以后，定西市又将适合于干旱区农业的"121 工程"雨水集流工程在全市大规模推广实施，至 2007 年，全市共建集雨水窖 36 万多眼，发展补灌面积近百万亩，同时还利用以工代赈资金修筑洮河、漳河、渭河护岸工程 29.96 千米，初步形成了以灌溉、防洪、供水为主的水利服务体系，极大地改善了农业生产基本条件。初步走出了一条"水窖＋梯田＋结构调整＝稳定解决温饱""集雨节灌＋农业科技＋高效经济作物＝脱贫致富"的旱作高效农业发展路子。

三是加大交通、通信等基础设施建设，特别是乡村公路建设，改善了农村交通不便、信息闭塞的状况。为了发展经济，特别是农业产业，疏通农产品的运销渠道，定西市坚持把农村公路项目建设作为脱贫攻坚的基础性、先导性工程全力推进。

目前，全市农村公路总里程达到 8104 千米，全市 1 区 6 县均通了二级以上公路，119 个乡镇均通了油路，1829 个建制村全部通了沥青（水泥）路，乡镇、建制村通畅率均达到 100%，乡镇通班车率达到 100%，建制村通客车率达到 97.6%，形成了以城区为中心、各乡镇为节点、行政村为网点，遍布农村、连接城乡的公路交通网络。① 在通信设施基础建设方面，通过近多年"村通工程""农村信息服务站点"和"信息化乡镇"等一系列信息工程的建设，至 2007 年年底，全市实现"村村通电话"，"乡乡通宽带"。一批"名片"网站如岷县"中国当归城"网站、陇西"清吉洋芋网"等先后建成并开通运行，也开始了网上交易。

第二，制定产业发展规划，加强财政、税收和金融支持，促进马铃薯产业快速成长。

基于定西市发展马铃薯产业的自然优势与产业优势，1996 年定西市以《国家八七扶贫攻坚计划》实施为契机，第一次把马铃薯产业的开发列入政府经济发展计划，提出"顺应天时，遵循自然规律""顺应市场，遵循经济规律"的宗旨，确立实施"土豆工程"产业扶贫。之后，定西市借助国家西部开发战略、以工代赈扶贫政策，以及甘肃省政府将马铃薯产业列为全省种植业结构调整主导产业的机遇，确定了将马铃薯产业作为农业发展的首要支柱产业的发展方向。在发展思路上，将扶贫开发与马铃薯产业发展紧密联系，将整村推进扶贫与马铃薯产业规模发展紧密联系。在项目规划上，将马铃薯产业作为扶贫项目培植的主导增收产业，加大对马铃薯育种的资金扶持力度。在项目建设中，重点以给农户良种补贴、化肥补助为重点，引导农户大规模种植马铃薯。与此同时，还按照区域化布

---

① 《定西市交通运输局》，http：//jt. dingxi. gov. cn/art/2018/9/10/art_ 8538_ 547660. html。

局的要求，建立了一些规模化的示范基地，形成了较强的辐射、示范、带动效应。在马铃薯产业不同的发展阶段，根据马铃薯的产业基础，政府在积极进行市场调研、了解马铃薯市场信息的基础上制定了市场、产业组织、技术改进及基建等方面的产业规划，并根据各地产业发展资源和发展水平的差异，确立发展目标和任务，指导各县区地方政府对马铃薯产业发展的引导和扶持。目前，定西市已形成了洮河、渭河、漳河流域河谷川水区优质菜用型和加工型专用薯生产基地，南部高寒阴湿区优质菜用型和脱毒种薯生产基地，北部干旱半干旱区高淀粉型和外销商品薯生产基地，这样三个特色鲜明的局域化布局生产基地。

在政策支持方面，主要是利用财政、税收、金融等手段，加大对马铃薯产业发展的支持力度。财政部门每年还拿出了一定的支农资金，用于扶持农业行业协会。税务部门在政策许可的范围内，对农业行业协会实行低税率政策。设立农业生产和信贷保险基金，通过生产保险基金，由政府对农产品在备耕、种植、管理、销售4个阶段进行保险，分担农民的风险。充分利用农村信用社资金，尤其是小额贷款和联保贷款的发放，增加金融服务的内容、方式和手段。投入资金建立"农户小额信用贷款担保基金"，加强对农业的信贷支持。加大对农业科技的投入，重点放在生物工程、农林水利和畜牧等高新技术的推广和应用上。安排专项资金设立"农业产业化发展资金"。主要运用贷款贴息、提供地方配套资金、财政补助等手段，重点支持农业产业化龙头企业的发展。分清轻重缓急，突出重点和关键环节，有重点地安排支出。集中资金扶持马铃薯、中药材、畜牧、花卉等支柱产业及其龙头企业的发展，扩大产业规模。对有品牌、有市场、有竞争力、科技含量高的龙头企业，在税收和信贷方面提供政策优惠。多年来，甘肃分行把支持定西马铃薯行业发展作为信贷品牌，瞄准助推产业发展、服务脱贫攻坚

"两大目标"，为种植、加工、销售全产业链提供服务，推动马铃薯产业与三大产融合发展。① 2005 年以来，累计发放马铃薯贷款 425 亿元，累计支持马铃薯企业 21 户，全市规模以上的淀粉加工、种薯繁育、购销流通企业的支持面达到 33%，带动近 10 万户贫困农户实现脱贫致富，充分发挥了政策性银行在产业扶贫中的骨干和支柱作用。

　　除了直接加大投放信贷资金外，定西市扶贫部门针对近些年农村信贷资金急剧减少，财政扶贫资金非常有限，马铃薯产业开发资金严重短缺的问题，采用灵活多样的方式，利用扶贫贴息资金拉动金融部门贷款，很大程度上缓解了马铃薯产业开发资金不足的问题，有效拓宽了扶贫开发融资渠道。为有效解决马铃薯产业的产后加工销售问题，定西市先后投入产业化贷款贴息资金 345 万元，重点对陇西清吉、临洮腾胜等马铃薯龙头企业进行了扶持，一些重点企业在资金支持下加大了设备、工艺的更新和改造力度，形成了新的生产能力。目前全市淀粉加工企业达到 443 家，马铃薯精淀粉及其制品设计生产能力已达 35 万吨，产品已发展到精淀粉、变性淀粉、全粉、薯条、膨化食品等 10 多个品种。通过扶贫贷款贴息项目的实施，既加快了农业产业化经营的步伐，又使马铃薯产业的发展规模进一步扩大。渭源渭河源马铃薯种业开发有限责任公司利用贷款贴息资金（贷款 600 万元，贴息 30 万元），进一步加大了马铃薯脱毒种薯繁育体系建设，新建 PC 中空板组培温室 312 平方米、原原种生产日光温室 10 座、原种繁殖网棚 500 亩、种薯贮藏窖 3 座，并购置仪器设备、化学药品等，这些生产环节的改善，使渭源县脱毒瓶苗、原种的生产能力迅速提升。

　　第三，深化农业科研体制改革，加大农业技术推广力度，

---

　　① 彭吾银、牛效智、贾喆：《支持马铃薯产业　助推精准扶贫》，《农业发展与金融》2017 年第 3 期。

推动马铃薯产业技术不断升级。

从国外引进的马铃薯专用良种薯，在进行大面积的推广前，必须首先要建立良种快繁体系。而从原种扩繁到一、二级良种的生产却是马铃薯快繁体系中最关键、投资最大、技术要求最高，风险也最大的环节。这个环节往往是政府不好做，企业不愿做，农民做不了，成了制约马铃薯脱毒种薯繁育体系建设的瓶颈。为了解决新薯种培育问题，1999 年，定西地区将地区旱农中心的部分农业科技人员按专业进行分流，在保留工资和相关待遇的前提下，鼓励他们投资办种薯繁育企业，用科技作为资本投入到产业发展中。随后，金芋、鑫地、禾丰 3 个股份制科技企业应运而生，分别承担马铃薯不同的繁育环节，使大批世界先进的专用良种薯在定西迅速扩繁。在 2001 年 7 月，又依托甘肃金芋科技开发有限责任公司，联合甘肃农业大学、甘肃省农业科学院等省内有关科研单位和大专院校，共同组建挂牌成立了"甘肃省马铃薯工程技术研究中心"，承担了"甘肃省定西地区专用型马铃薯脱毒种薯快繁中心建设"项目。

由于定西市长期处于传统农业的发展阶段，教育和信息的落后使得农民的文化素质和对新技术的接受意愿不高，从而接受能力有限。为了大力推广良种工程，在政府的积极协调下，中国农业发展银行积极拓展金融服务领域，重点支持全市马铃薯良种应用工程，努力争取良种基地建设贴息贷款指标，累放贷款 7.42 亿元，支持企业推广应用马铃薯良种种植 120 万亩，帮助农户增产马铃薯 32.5 万吨，户均增收 764 元。截至目前，支持种薯繁育企业 4 户，年产脱毒种苗 4 亿株、原原种 6.7 亿粒，占当地生产规模的近 70%，建成"公司＋农户"扩繁基地 7 万亩，带动 4250 名贫困人口走上富裕之路，带动 467 名贫困农民实现就业，带动两万多贫困人口实现脱贫。在扶贫模式上，重点鼓励企业实施"一分田"工程，即每年由政府给 3.5 万户贫困户免费赠送脱毒种薯，帮助更新品种，提高产量，增加收入。以甘肃凯凯农业科技发展股份有限公司为例，在该行的信贷支持下，企业规模迅速扩大，生产能力由 0.28 亿粒提高至 12 亿粒，资产规模由 700 万元提高至 3 亿元，其主导实施的专门为贫困户服务的"一分田"工程，已累计向 2500 户贫困户赠送脱毒种薯 100 万粒，惠及建档立卡贫困户 500 户，带动户均增收 3800 元。

在政府资金的强力支持下，定西市以健全的优质专用型品种体系为基础，利用科技资源优势，把知识优势转化为技术优势和产品优势作为提升马铃薯产业层次，增加马铃薯产量和提高企业能力的重要手段。为了加强产学研的有效对接，加快科技成果的转化，定西市农业科研、推广部门积极与国内外科研院校紧密联合，不断引进新品种（系）、开展专用型马铃薯茎尖脱毒、组织培养、梯级扩繁，而且加强集成组装配套技术的研发与应用。同时，依靠现代农业新技术嫁接改造传统耕作栽培方式，在全市三个不同自然气候类型区确定了陇薯、渭薯、武薯、青海薯、甘农薯和外引专用薯六大具有国内先进水平的品种系列。

第四，组建农民经济组织，促进马铃薯产业组织化、规模化、一体化发展。

由于定西市的农产品市场化程度低，农户缺乏自发组织的激励，而且农民整体素质的低下减弱了合作的意愿。政府根据《关于加快农业协会发展的意见》，不断培育农民专业合作经济组织，如农民专业合作社和农业协会等中介组织，政府通过有效联结农户基地的生产与马铃薯加工企业及经销大户，提高了产业水平。1998 年定西市正式组建了第一个农民专业合作经济组织——渭源县五竹洋芋协会，该协会上联科研院所，下带千家万户，开展优质种薯的引进、试验、示范、推广、收购和销售工作，形成了产销一体化，保护了农民的利益。

在定西市马铃薯产业化过程中，为促进马铃薯行业协会的发展，政府主要在以下三个方面发挥了积极作用。

一是广泛宣传。利用各种形式广泛宣传，加大宣传力度，让社会各界来关注并积极参与该行业的发展。通过宣传，多渠道筹措资金，不断壮大协会的经济实力。政府主管部门要多做深入细致的调查工作，对各经营户重新认识、重新考察、重新定位。根据市场需求在资金方面大力支持马铃薯经销协会等中介组织。积极动员具有一定经济头脑、会经营、善管理、热心于马铃薯产业的社会能人以及一些种植大户加入协会组织，不断壮大协会队伍。

二是加强培训，提高服务质量是协会工作的根本。首先，主管部门高度重视对各协会的管理和培训工作。一方面要教育他们按章程规范运作，另一方面教育他们在全区农产品的经销上体察多数农户的收益，使协会及其成员在市场运作过程中取得双赢。其次，按照协会成员及各经营大户的意愿，提供参观考察和培训学习的机会，使他们能够更好地掌握市场经济规律，放开手脚，大胆工作，进而为马铃薯产业的提升更好地服务。同时，充分发挥马铃薯联合运输办公室的职能，在车皮的配载上做到准确、及时、到位，对马铃薯在外运方面敞开"绿色通道"，搞好"阳光工程"，通过"政府指路，协会铺路，农民走路"的形式，使马铃薯产业在政府这只"有形之手"和市场这只"无形之手"的相互默契中快速健康地发展。

三是合理引导。在马铃薯经销协会等中介组织的起步阶段，政府政策上给予了更多支持引导，使其更快地把握市场规律，进入工作轨道，发挥协会应有的作用。同时，在马铃薯等农产品销售旺季，农办、工商等有关部门，加强了对各收购网点的监督检查与指导，坚决打击不法个体商贩短斤缺两、压级压价等损害农民利益的行为。在政府的引导和帮助下，促进协会更好地发挥桥梁和纽带作用，让农民在实惠中看到希望。

第五，利用政府组织优势，联合公路铁路系统，疏通马铃薯运输通道，开拓马铃薯市场范围。

针对马铃薯公路外运费用相对较高的问题，定西市政府主动协调，寻求铁路部门的支持，组建了铁路运输陆地联运办公室（以下简称"联运办"），联合协会，共同协调争取铁路运力。"联运办"由区农办、区公安局、马铃薯经销运输协会、定西火车站抽调人员组成，具体负责定西站马铃薯的协调发运工作。马铃薯运输车皮由"联运办"统一调派，统一组织货源，统一申报计划，统一衔接服务，统一商标使用权，各有关部门积极协调配合，发挥各自的职能，建立了"政府＋协会＋铁路"的合作模式，开通马铃薯运载专列为马铃薯运销开辟绿色通道，最终由政府和铁路部门联手推出"车皮计划"，采取"政府主导、路地联合、协会运作"的方式，形成了"政府＋铁路＋协会"的陆地联运模式。通过"品牌＋专列＋直销"的营销模式，鼓励一个运输大户组织一个车皮、三十几个大户联合发一趟专列，将马铃薯直接运输到上海、广州、南京等20多个省（直辖市、自治区）的终端市场。马铃薯专列的开通，为马铃薯向全国各地市场的外销舒畅了运输通道。直销专列的开通和直销窗口的建立为马铃薯产业在全国范围内开拓了市场。

四　陇西县金融精准扶贫

金融精准扶贫是指以金融机构提供的信贷、保险等为手段，在政府对贫困户的精准识别和科学规划前提下，利用金融机构的"蓄水池"功能，在一定程度上对贫困地区进行金融倾斜，以缓解贫困地区的资金紧缺状况。针对当地农村贫困户贷款担保难的问题，引导更多金融资源向农村和贫困地区聚集，陇西县成立了金融服务中心，加快创新金融产品，创新推出了中药材仓单质押贷款、1亿元畜草产业专项贷款，协调金融机构加大力度，积极拓展中和农信小额信贷业务，为打通贫困村金融服务的"最后1公里"，有效解决全县贫困群众发展生产融资难的问题作出了有益探索和重要贡献。

（一）陇西县金融精准扶贫进程

2013年，习近平总书记在湖南湘西考察时首次作出了"实事求是、因地制宜、分类指导、精准扶贫"的重要指示。2014年3月，在参加两会代表团审议时习近平总书记再次强调：要实施精准扶贫，瞄准扶贫对象，进行重点施策，进一步阐释了精准扶贫的理念。自此，各地政府开始积极响应。

作为地处六盘山集中连片特困地区的一个小县城，恶劣的气候条件以及落后的产业发展水平，使得陇西县经济的发展长期受到严重制约，是精准扶贫必然要覆盖的一个地区。陇西县域总面积为 2408 平方千米，辖 10 镇 15 乡，280 个村，24 个居委会，1670 个村民小组，总人口共计 51 万人，其中非农业人口为 5.99 万人，农业人口为 45 万人，2013 年建档立卡时，全县共有贫困户 3.58 万户、贫困人口 14.54 万人，贫困面为 33.44%，扶贫基数相当大，脱贫攻坚任务艰巨。陇西县于 2014 年开始进行金融精准扶贫建设，作为全国重点贫困县之一的陇西县不断深入研究适用于当地的扶贫政策和扶贫模式，积极引导各方力量加入到金融精准扶贫的队伍中。到 2018 年年底，全县贫困人口为 3.36 万人，贫困发生率由 2013 年的 33.44% 下降到 7.6%，说明陇西县的金融精准扶贫已经获得了阶段性的成功。

1. 初步探索阶段

自 2013 年甘肃省扶贫攻坚推进大会提出"坚持连片开发与分类扶持相结合，走精确扶贫的路子"后，陇西县及早谋划精准扶贫工作，首先，通过对联户干部的培训和农户申请、村民评议、逐级审核、张榜公示等程序提升精准识别工作的认知度和精准度，使全县 134 个贫困村、3.58 万户、14.63 万贫困人口通过识别建档立卡实现了精准管理，在全力搞好建档立卡的基础上，初步形成了全县 134 个贫困村、14.63 万贫困人口"一村一业一单位、一户一策一干部"的结对帮扶机制，从而构成了精准扶贫格局的主体。其次，陇西县根据贫困类型进行有针对性的帮扶，实现了扶贫开发由"大水漫灌"到"精准滴灌"的转变。

2014 年陇西县初步建立金融扶贫机制，针对农村贫困户贷款担保难的问题，发展农业担保机构和村级扶贫互助协会以引导更多金融资源向农村和贫困地区聚集，并且成立了金融服务中心，加快创新金融产品，创新推出了中药材仓单质押贷款、1 亿元畜草产业专项贷款，协调金融机构加大惠农贷款、妇女小额信贷放贷力度，积极拓展中和农信小额信贷业务。截至 2014 年 9 月 19 日，陇西、渭源贫困县共完成药材保险签单面积 8.77 万亩，参保农户 25954 户，企业 15 家，合作社 8 家，签单保费共 1180.55 万元，为药农提供风险保障近 2 亿元。陇西县初步探索出的这些金融支撑，旨在打通贫困村金融服务的"最后 1 公里"，较有成效地解决了全县贫困群众发展生产融资难的问题。

2. 迅速发展阶段

经过一年半的初步探索，陇西县对于打赢这场金融精准扶贫攻坚战有了信心和基础，2015 年年初，在这基础之上陇西县推动建立了"政府部门与金融机构联手、银行与保险机构合作、财政与信贷资金融合"的金融扶贫模式。具体分为四种大的模式，分别是贫困户自主发展型模式、合作社带动发展型模式、龙头企业带动发展型模式和参股合作经营发展型模式。其中，运用最为广泛且取得的成效最为显著的是参股合作经营发展型模式。首先，依托"银行 + 贫困户 + 公司"模式引进企业运用特色产业带动扶贫，其次，陇西县针对贫困户不愿入股公司这一情况建立了"银行 + 农户 + 公司带动"模式，在这种模式下，全县贫困户年均纯收入达到了 2 万元以上。

为提升金融扶贫的精准度以推进精准扶贫专项贷款工作，陇西县探索出了一种新的贷款模式，那就是依托本地特色产业发展"1 + 2 + X"模式。在这种模式之下，2015 年陇西县共发放精准扶贫专项贷款 6.09 亿元，受益贫困户达 1.5 万户，户均年增收 4000 元以上。除此之外，陇西县还以财政专项补助资金为杠杆，积极主动地向中国农业发展银行申请易地扶贫搬迁贷款，通过 1.5 亿元的财政专项补助资金，落实易地扶贫搬迁贷款 3.85 亿元，直接受益搬迁贫困户达 4884 户。同时，在这一阶段陇西县也非常重视保险助推精准扶贫、富民产业培育和金融扶贫产品和服务创新，2015年全县投保玉米、马铃薯、中药材共39万多亩，兑付农户理赔资金1300多万元，至年底财政各类补贴资金累计达到850万元，撬动银行发放各类特色产业贷款114亿元。创新推出的农村"三权"抵押贷、中药材仓单质押贷、畜草产业保证保险贷等金融信贷产品，先后为404家企业发放贷款3.5亿元，受益贫困户达2400多户。

专栏 1

户主冯仁学，陇西县福星镇牛蹄湾村人，家庭5口人，家庭成员包括母亲、妻子、两个女儿。

扶贫前贫困状况：母亲长期患病需要医疗费和照顾，两个孩子上学，户主本人不能外出打工，2016年家庭收入靠农业经营收入3300元，户主本村做木工收入9700元并且不稳定，妻子务工收入2000元，低保收入3600元。曾经想让孩子辍学打工减轻家庭负担。

扶贫措施：2017年家庭5口人全都缴纳了城乡居民医疗保险，母亲医疗费减轻；孩子享受免除学杂费和国家助学金等政策，并分别享受雨露计划3000元；户主从事公益性岗位村保洁员，年收入6000元；2018年通过扶贫干部办理了5万元精准扶贫专项贷款续款手续，2019年2万元到户产业资金，其中1万元入股合作社，1万元购买农资；帮扶队帮助妻子外出打工，收入2万元；惠农补贴等转移性收入1758元。

扶贫效果：两个孩子享受免除学杂费并国家助学金等政策，母亲享受合作医疗，大大减轻了家里的压力。2019年总收入约42470.73元，人均收入约7078.46元，家庭生活得到保障的同时，生活水平明显提升。

2016 年陇西县将贫困户分为自我发展型和带动型两类发放贷款，创新推出了符合县域经济发展的金融扶贫信贷产品 20 多种以助力精准脱贫，极大满足了新型农业经营主体、特色产业和农户发展的资金需求。2016 年陇西县发放精准扶贫专项贷款10.82 亿元，共 2.53 万户，建档立卡贫困户人均额度达到 1 万元。发放农村承包土地经营权抵押贷款 628.5 万元，农民住房财产权抵押贷款 2258 万元。创新推出中药材仓单质押贷款，累计发放贷款 17 笔，共 9500 万元。在全省率先推出畜草产业保证保险贷款，累计发放 524 笔，共 1.52 亿元。投放扶贫再贷款2.58 亿元，创建了 6 个"扶贫再贷款示范村"。

这一阶段，陇西县的金融精准扶贫迅速发展且取得了良好的成效，2015 年全县贫困农户人均可支配收入达到 3412 元，增幅高于全县农村居民人均可支配收入增幅两个百分点。2016 年年末，全县贫困人口下降到 3.97 万人、贫困面下降到 9.18%。

3. 稳步成熟阶段

2017 年陇西县的精准扶贫专项资金相比于 2015 年和 2016年有了大幅度提升，在精准扶贫专项资金的大力支持下，陇西县的金融精准扶贫开始进入稳步成熟阶段。四种金融扶贫模式在不断探索和创新下也更加成熟稳健，使全县金融扶贫专项资金的使用更加具有针对性，真正做到了"精准"二字。

2018 年陇西县成立了产业扶贫和人居环境综合治理专项贷款协调领导小组以加强对陇西县产业扶贫专项贷款工程的组织领导。到年底，全县退出贫困村 44 个，贫困村数量减少到 90个，贫困人口减少 2.04 万人，贫困发生率由 2017 年年底的12.4%下降到 7.8%。2018—2019 年，陇西县大力推行"551"产业扶贫等模式，积极实施周期短、见效快的劳务扶贫、电商扶贫、光伏扶贫等金融扶贫方式，共建成"就业扶贫车间"25个，发展农村电商 4 家，带动贫困人口就业 1240 多人，培训贫困劳动力 7010 多人，输转劳动力 1.52 万人，利用金融扶贫资金开发乡村公益性岗位 1072 个，受益贫困户达到 4158 户。这一阶段，陇西县新增金融机构，积极探索创新金融产品，各金融扶贫模式已经成熟，而且经过几年的金融扶贫探索，陇西县形成了独具自己特色的金融扶贫路子，金融扶贫资金和产业形成了积极的联动作用，2019 年全县向"贫困山头"发起了总冲锋，实现了整县脱贫摘帽目标。

（二）陇西县金融精准扶贫的主要措施

1. 陇西县金融精准扶贫组织结构

陇西县金融精准扶贫主要由金融办牵头，扶贫办统筹协调各部门工作，在陇西农村商业银行、中国农业银行等银行金融机构的扶贫产品、扶贫资金的支持下，通过村企合作等方式来进行金融精准扶贫。

陇西县的金融精准扶贫组织结构基本上是一个环形（见图 4 - 1）。县人民政府出台了一系列相关政策文件，作出扶贫专项资金使用的规划安排并通过中国共产党党员引导扶贫等方式进行扶贫建设，陇西县财政局对政府安排的扶贫资金进行发放与监管以确保精准扶贫资金的有效利用，充分发挥金融扶贫作用，努力实现政府出台政策的初衷。陇西县农业委员会的主要作用是通过调研增进对富民产业的了解从而为金融扶贫资金的针对性引入提供引导。县扶贫办主要统筹扶贫情况，跟进扶贫进展，为不同村根据其区位特点、自然禀赋等制定大体的扶贫体系，同时为上级制定相关政策提供基础性的资料。金融精准扶贫自然少不了金融办的参与，陇西县金融办的主要工作是引导和吸纳各种社会力量、金融机构等加入精准扶贫的队伍，通过政策解读和引导等方式鼓励和支持金融机构在扶贫工作中的改革创新、业务拓展，组织协调金融资源的优化配置。

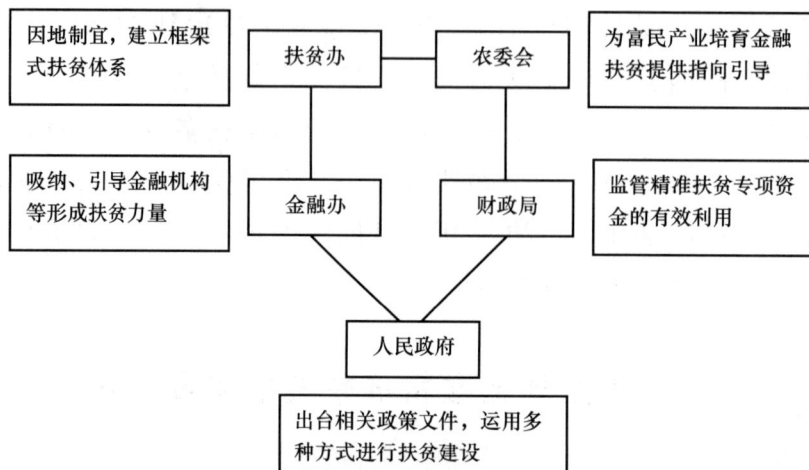

图4-1　陇西县金融精准扶贫组织结构

2. 陇西县金融精准扶贫主体

作为六盘山特困片区的核心区，陇西县本身的金融发展环境长期存在着不足，虽然现如今正在大力引进多种金融机构加入陇西县金融精准扶贫的先锋队，但是仍存在严重的缺位现象，所以至今为止，陇西县精准扶贫的金融供给来源主要有三种：一是商业银行，其中，陇西农村商业银行担任金融供给的主力，还有中国邮政储蓄银行陇西支行、中国农业银行陇西支行等银行；二是政府支持的"三农"融资担保和再担保机构；三是小额信贷公司。

（1）以农村商业银行为主力军

陇西农村商业银行在金融精准扶贫中的作用不容忽视，其许多业务对金融精准扶贫具有极强的针对性。近年来，陇西农村商业银行积极探索和创新金融扶贫模式，大力运用中国人民银行支农再贷款，集中优势资源开展金融精准扶贫，为了切实解决建档立卡贫困户以及精准扶贫带动型企业的资金需求，陇西农村商业银行从扩大信贷资金投放规模入手，加大对中国人民银行支农扶贫再贷款的申请力度，用于发展壮大陇西县的中药材、马铃薯、畜草等特色优势产业，适时推出"陇畜通""陇药通"和广林果业等信贷产品。除此之外陇西农村商业银行还全力支持设施农业的发展，适时推出了设施农业贷款，加强对设施农业小微企业的信贷支持力度。同时，陇西农村商业银行不断探索和创新信贷服务模式，利用金融电子新产品拓展金融扶贫的空间，有效解决了金融扶贫效果不理想和建档立卡贫困户发展资金短缺等问题，为陇西县的脱贫攻坚注入了生机和活力。

（2）非银行金融机构重要组成

非银行金融机构作为业务主动性最强的金融主体，其在金融精准扶贫中的作用不言而喻。陇西县参与金融精准扶贫的非银行金融机构主要有小额信贷公司、担保公司，以及保险公司等。陇西县主要的小额信贷公司有陇西县诚源小额贷款有限责任公司、陇西县惠农小额贷款有限责任公司以及陇西县元通小额贷款股份有限公司等。县内各小额信贷公司都专门设有为建档立卡贫困户量身定制的金融扶贫政策、产品和服务，精准对接到户到人，不仅直接服务于贫困户，而且作用于生产从而激发了脱贫的内生动力。陇西县各担保公司的主要业务是与陇西县当地的银行达成业务合作，通过严谨的信用审核，为符合要求的小微企业提供担保，帮助银行在一定程度上加大对贫困地区的资源倾斜。

保险公司作为比较传统的金融机构，在精准扶贫中毫无疑问起到了很关键的作用。以中国人民财产保险股份有限公司（以下简称"中国人保"）甘肃省分公司为例，截至2019年，中国人保甘肃省分公司农业保险产品覆盖了陇西县种植业、养殖业、林业三大类29个品种，在初期成本保险的基础上，还积极试办了农产品价格指数保险、天气指数保险等新型产品，农业保险产品供给十分丰富。近几年中国人保甘肃省分公司切合甘肃实际，探索并形成六种保险扶贫模式，分别是产业保险扶贫、健康保险扶贫、定制保险扶贫、融资保险扶贫、保险"示范区"建设扶贫和保险干部挂职扶贫。在地方特色农业保险方面，中国人保甘肃省分公司在全国首推中药材产值保险，自 2014 年以来在陇西开办中药材产值保险，党参、黄芪和当归的赔付率达到 100％以上。在金融精准扶贫攻坚战役中陇西县各保险公司均以提升服务"三农"能力为抓手，着力构建农村保险服务体系，以确保农业保险合规发展为红线，着力完善风险保障机制，在全县的金融精准扶贫中起到不可替代的作用。

3. 陇西县金融精准扶贫模式

近年来，陇西县紧紧围绕"与全国一道建成小康社会"的总体目标，全面贯彻落实"1236"扶贫攻坚行动和精准扶贫的战略部署，充分依托本地的自然气候条件、农民的种植耕作习惯和现有的产业基础及市场需求，不断地创新金融扶持龙头企业、特色产业助推精准脱贫的发展模式，有效提高了金融贷款在企业带动和产业扶贫中的精准度，明显增强了金融资金助推脱贫增收的效益。在金融助推精准脱贫方面，陇西县创新推出了四种发展模式。分别是贫困户自主发展型、合作社带动发展型、龙头企业带动发展型和参股合作经营发展型。

（1）贫困户自主发展型模式分析

这种模式指的是有发展能力的贫困户利用精准扶贫专项贷款，结合自身实际情况，采用"金融支持＋产业扶贫"的模式充分利用陇西县本地的区位和资源优势以及坚固的特色产业基础，大力推进支持贫困户产业扶贫工作，充分利用金融扶贫资金的产业支撑机制，完善陇西县产业扶贫机制。具体来看陇西县的这种金融扶贫模式为贫困户量身打造了"四种到户"发展模式，有效激发了贫困群众的自我"造血"能力，而不仅仅是传统意义上的"输血"，在产业扶贫的支撑中让大多数贫困户实现脱贫。"四种到户"发展模式分别为"5532""5522""5412""5312"模式，主要靠发展以种植养殖为主的特色产业来达到增收脱贫的目的。

表 4 – 1　　　　　　陇西县金融扶贫"四种到户"发展模式

四种模式	内容	参与贫困户数及规模	脱贫户数
"5532"模式	贷款 5 万元； 种植全膜玉米或优质牧草 5 亩； 养殖基础母牛 3 头； 户均年增收可达 2 万元以上	参与贫困户 3500 户； 年种植牧草 1.8 万亩； 养牛 10700 头	2380 户
"5522"模式	贷款 5 万元； 种植全膜玉米或优质牧草 5 亩； 养殖基础母羊 20 只； 户均年增收可达 2 万元以上	参与贫困户 2600 户； 年种植牧草 1.3 万亩； 养羊 5.3 万只	1650 户
"5412"模式	贷款 5 万元； 种植中药材、马铃薯和全膜玉米各 1 亩； 输转劳务 1 人； 户均年增收可达 2 万元以上	参与贫困户 1.3 万户； 年种植中药材 1.7 万亩、马铃薯 2.1 万亩、全膜玉米 3.8 万亩； 年输转青壮年劳动力 1.5 万人	4590 户
"5312"模式	贷款 5 万元； 3 户联建 1 个食用菌棚； 户均年增收可达 2 万元以上	参与贫困户 238 户； 建设食用菌棚 80 座 56 亩	143 户

　　"四种到户"模式的推出，给陇西县贫困户的脱贫提供了新方法，这种长期发展的模式，能够让陇西县贫困户实现真脱贫，少返贫。截至 2017 年年底，全县贫困村特色种植养殖业全覆盖，每户贫困户基本上有 1—2 个脱贫特色产业，贫困农户通过扶贫新模式成功增收，贫困户的人均纯收入的一半以上都是依靠发展特色产业所获得的。

（2）合作社带动发展型模式分析

合作社带动发展型模式指的是合作社将贫困户吸收进来成为社员，社员们充分利用精准扶贫专项贷款，按照风险共担、利益共享的原则，共同建设生产基地，统一组织生产经营，最后进行年终分红。陇西县这一金融扶贫模式是2015年提出来的，到2016年年底取得较好的成果，2016年年底，陇西全县共成立49个合作社，总共申请使用扶贫专项贷款6400万元，吸收贫困户发展农业特色产业高达1700多户。其中做得较好的陇西县金龙种植农民专业合作社就是利用这种模式，第一年就吸收贫困户48户，组织投资高达1200多万元，建成日光节能温室78座、塑料大棚102座、蔬菜储藏库12座，发展蔬菜种植300亩，当年贫困户户均年增收达到2万元以上。

（3）龙头企业带动发展型模式分析

顾名思义，这种模式主要指的是企业利用银行贷款建设基地、培育产业以达到带动贫困户增收脱贫的目的。在这种模式下，2016年年底，陇西全县31家龙头企业共申请使用扶贫专项贷款1.8亿元用于发展马铃薯、中药材、草畜等特色产业，带动全县约4900户贫困户实现增收脱贫。

这种模式自2015年提出来后一直沿用至今，2017年甘肃裕新农牧科技开发有限公司就是利用这种模式，通过申请精准扶贫专项贷款等多种渠道，累计筹资6500多万元用于建设马铃薯种薯生产基地，并通过采用"投一还二"的方式，在陇西全县范围内推广"一分田"种薯扩繁工程，每年向每户贫困户投放400粒原种。第二年生产一亩原种，第三年生产10亩以上的一级大田种，从而进一步扩大种薯的生产规模。这种方式下，贫困农户保留满足自家良种需求的数量，其余部分由公司全部回收。2017年，陇西全县5家种薯生产企业通过这种模式直接带动了650多户贫困户就业和2万户农户增收，间接带动了5万户农户增产增收。为了使农户的利益得到保证，当时，清吉洋芋公司和清吉淀粉制品公司吸收县里的 181 户贫困户专项贷款 905 万元入股企业，对无劳动能力的贫困人口年底直接以现金分红，这种保障式做法使得当年无劳动能力贫困户的年收益达到 4000 元以上；对有劳动能力的贫困人口则根据他们自身的意愿由公司扶持发展产业以达到脱贫的目的，同时还采用"公司＋合作社＋贫困户"的模式，企业与合作社签订购销协议，对贫困户以每吨高于市场价 200 元的标准收购马铃薯，这种做法确保了贫困户的稳定增收。

（4）参股合作经营发展型模式分析

这一模式又叫作"银行＋贫困户＋公司"模式，由它还衍生出一些子模式，简单来说这种模式就是贫困户将精准扶贫专项贷款资金参股于企业，由企业统一调配这笔资金，组织生产经营，建设产业基地，到年终企业根据贫困户参股资金额度和贫困户保盈不负亏的原则，给予贫困户利益分红。

2016 年陇西全县共有 2100 户贫困户将 7800 万元的专项贷款参股于 13 家合作经营型企业。例如祥瑞公司是陇西县为推动产业扶贫而重点引进的一家企业，2015 年，祥瑞公司与陇西县 377 户建档立卡贫困户签订参股带动发展协议，这些贫困户将政府发放的 1581 万元精准扶贫专项贷款集中参股公司，由公司集中使用这批专项资金来建设香菇出菇棚，建成后再与贫困户签订出菇棚承包管理责任书，出菇棚由贫困户全权负责管理。这种精准扶贫的方式就是"银行＋贫困户＋公司"模式，这种模式虽好，但存在贫困户不愿入股公司的情况，这时候陇西县创新提出了"银行＋农户＋公司带动"子模式，即由 3 户建档立卡贫困户利用 5 万元精准扶贫专项贷款，按照公司建棚标准，联合建设一座香菇出菇棚，由公司统一供应菌棒，统一进行技术指导，统一保价收购。

为了提升金融扶贫的精准度，依托本地特色促进产业发展，陇西县在前两个模式的基础上又探索出了"1＋2＋X"贷款子模式，其中，"1"是建档立卡贫困户，"2"是财政和金融两个手段，"X"是"企业发展带动型""合作社带动发展型""参股合作经营发展型"及"自我发展致富型"等金融精准扶贫方式。此模式对于推进精准扶贫专项贷款工作起到明显的积极作用。除了甘肃祥瑞公司，还有许多企业参与到这种金融扶贫模式中，比如甘肃裕新农牧科技有限责任公司、陇西县金龙种植农民专业合作社等，这些公司分别采取不同的"银行＋贫困户＋公司"子模式，巧妙地把企业、银行和农户三者结合成一个"利益共同体"，将过去那种农户和银行、企业与银行之间"一对一"的关系，转变为政府、银行、企业、农户"四位一体"的关系，使得陇西县金融精准扶贫效益良好，让当地贫困农户搭上了脱贫致富奔小康的顺风车。

陇西县通过运用以上四种金融扶贫模式，贫困发生率由2013年建档立卡时的33.44%下降到2018年的7.6%，2018年年底44个贫困村摘帽，2019年年底全县贫困村摘帽，金融资金的扶贫效应得到最大限度的发挥，全县贫困户有了稳定的收入来源。2015年这四种模式实施初有成效时，中国人民银行于兰州召开的全国金融精准扶贫会上，就有代表现场观摩了陇西金融精准扶贫的做法，接下来的几年，陇西县不断努力创新改进金融扶贫模式，全县贫困户于2019年年底基本全部脱贫，人民大踏步走进小康的时代。

（三）陇西县金融精准扶贫的经验

陇西县金融扶贫取得了丰硕成果，从刚开始的金融扶贫试点县一步步走到甘肃省金融扶贫优秀示范县只花了短短五年时间。通过对陇西县金融精准扶贫的分析，可以总结出以下几点经验。

1. 精确把握本地产业优势，加大金融支持力度

陇西县是全国中药材产业的典型代表县，盛产中药材，适合发展马铃薯等种植业，也适合发展养牛养羊等养殖业，对陇西县贫困农户进行贷款融资，通过精准扶贫专项贷款扶持陇西县特色产业发展，把建档立卡贫困户纳入产业化、规模化发展大局，促进贫困户特色产业的可持续发展，使得贫困农户实现长期可持续增收。

2. 大力度支持龙头企业，带动特色产业发展

根据对陇西县金融扶贫模式的分析可知龙头企业在金融扶贫中扮演了重要角色，近几年陇西县通过加大对当地龙头企业的金融支持，促进了龙头企业培育发展高新技术，使得龙头企业对贫困农户形成了一定的技术引领和帮扶，从而达到县里企业和农户增收的双赢效果。

3. 坚持金融扶贫模式、方法和产品的探索和创新

陇西县自 2015 年初步提出四大金融精准扶贫模式后并没有一成不变的推行，而是每年都根据当年扶贫效率和成果以及贫困户的实际需要在四大模式的基础上不断创新，不断推出更加符合当时扶贫需要的子模式、方法和金融产品，这一点是陇西县能够成为甘肃省金融扶贫成功示范县最关键的因素。

4. 因地制宜，推出具有各地特色的金融扶贫模式

陇西县金融扶贫之所以能取得较大成功与陇西县推出具有当地特色的金融扶贫模式息息相关，事实上，全国各县区基本都具有各自不同的自然禀赋、区位和产业优势，首先需要准确识别出各地特色，然后通过金融扶贫资金的大力支持，力求开发出具有各地自身特色的扶贫开发模式。

5. 不断强化协调金融精准扶贫组织结构

建立有效的金融扶贫协调机构对于金融精准扶贫的成功至关重要。陇西县的金融扶贫组织结构主要是由人民政府、财政局、农委会、扶贫办和金融办组成的一个环形结构，在金融扶贫的实施过程中，人民政府根据实际，积极出台扶贫政策；财政局加大监管力度，保证扶贫资金的有效利用；农委会积极调研，实时反馈；扶贫办快速整合，制定体系；金融办积极吸引资金，壮大扶贫队列。各机构在各司其职的同时注重相互之间的协调与配合，朝着共同的脱贫目标努力，这是陇西县金融扶贫的又一大成功经验。

五　陇西县中医药产业扶贫案例

陇西县素有"千年药乡"和"西北药都"之美称，中医药产业一直是陇西县的支柱产业，也是老百姓增收的主渠道之一，更是产业扶贫的主要着力点。精准扶贫政策实施以来，陇西县进一步加大了中药材产业发展的力度，从现代农业发展和产业振兴的高要求出发，极力推动中药材产业的标准化、规模化、品牌化发展，使中药材产业成为当地带动贫困人口全面脱贫，巩固脱贫成果，全面促进乡村振兴的首位产业。

（一）陇西县中医药产业概况

陇西县位于定西市南部，总面积 2408 平方千米，辖 12 镇 5 乡，215 个村 11 个社区，总人口 52.5 万人，其中农业人口 43.3 万人，耕地面积 165.95 万亩，农业人口人均占有耕地 3.8 亩，是国家六盘山连片特困地区扶贫开发重点县之一。2013 年全县有建档立卡贫困村 108 个，建档立卡贫困人口 3.58 万户，14.63 万人，贫困发生率为 33.64%。陇西县中药材种植面积常年稳定在 2.33 万公顷，占全县总耕地面积的 21.1%，种植面积居全国县区之首。经普查，陇西县种植的中药材品种有 310 种，大宗种植品种有黄芪、党参、黄芩、红花、板蓝根等 36 种。2019 年，陇西县中药材种植面积达到 2.35 万公顷，总产量

15.8 万吨，产值达 20.72 亿元，农民人均纯收入 1980 元，将贫困面下降到 0.89%，实现全县脱贫目标。

图 5-1 陇西县中药材种植基地

陇西县中药材野生资源丰富，种植历史悠久，黄芪、党参、当归等道地药材的栽培已有上千年的历史，被国家工信部命名为"全国中药材药源保障供应基地"。近年来，陇西县抢抓国家高度重视中医药事业、实施中医药"一带一路"发展规划，国务院批复在甘肃建设国家中医药产业发展综合试验区和甘肃省全力支持陇药产业发展的良好机遇，充分发挥"中国药都"的品牌效应，致力建设"丝路重镇李氏源、千年药乡养生地"，注重文化旅游与中医药文化的深度融合，大力实施中医药产业

"双百五十"工程,中医药产业实现了全链条快速发展。2018年,全县中医药产业总产值达到108.5亿元,中医药产业对全县财政和农民的收入贡献率接近1/3,中医药增加值占到了全县工业增加值的"半壁江山",中医药产业已真正成为支撑县域经济发展的首位产业。

中草药产业扶贫作为国家扶贫工程的重要组成部分,理应成为"精准扶贫"的先行者。以中草药产业带动贫困人口脱贫致富为出发点,开展道地药材认证和在产地建设7S综合体(建设集标准化种植、加工、质量控制、品牌和金融、物流、销售为一体)等,形成了精准扶贫新格局,带动了当地药农脱贫致富。近年来,陇西县通过引进先进的经营与管理理念,探索准确的市场定位,拓宽独特的营销渠道模式,实现了适时、创新的多元化经营,采用卓越的生产加工包装工艺、借鉴成功的广告与公关活动经验等。已经初步做到道地药材与文化、生态文明旅游和地域经济等融合发展,为贫困人口创业、就业、增收提供平台,使道地药材产业成为甘肃贫困村镇脱贫致富的朝阳产业,也促使实现全县脱贫目标。

(二)陇西县中医药产业扶贫的思路

中医药产业一直是陇西县的支柱产业,也是老百姓增收的主渠道之一,更是产业扶贫的主要着力点。精准扶贫政策实施以来,陇西县进一步加大了中药材产业发展的力度,从现代农业发展和产业振兴的高要求出发,极力推动中药材产业的标准化、规模化、品牌化发展,以带动贫困人口全面脱贫,巩固脱贫成果,全面促进乡村振兴。

1. 高水平推进种植标准化,提高产业竞争力

陇西属温和半干旱季风气候区,受益于良好的自然禀赋,

陇西中药材无论在品种上，还是在种植面积和产量上，都形成了明显优势。全县种植面积稳定在 35 万亩，占全县总耕地面积的 21.1%，种植面积居全国县区首位。围绕建设全国重要的"绿色道地"药源保障基地，积极开展各类地产中药材种子的选优提纯、种苗的精细化繁育和大田的标准化栽培等工作，已完成了黄芪、黄芩、党参、甘草等 18 个道地药材种子、种苗培育和标准化种植栽培技术操作规程，并通过省质监局评审，颁布为甘肃省中药材地方标准。采取"公司牵头建基地、协会搭桥连农户、技术部门搞指导、乡镇配合抓面积、县上适当拿补助"的运作模式，每年筹措专项扶持资金 400 多万元，对标准化种植基地及核心育苗区每亩补贴 200—500 元，鼓励制药企业通过土地流转和"公司＋基地＋农户"等方式建立标准化药源基地，引导广大药农推广应用无公害种植、秸秆生物反应堆等技术，建立标准化中药材种子种苗繁育基地 5 万亩、标准化种植基地 20 万亩，从源头上保证了中药材道地品质，被国家工信部确定为"国家级中医药原料生产供应保障基地"。

2. 积极推进加工精深化，延伸产业链、提高附加值

按照"园区承载、龙头带动"的思路和"一主两副"① 的总体布局，建设了占地 9 平方千米的中医药循环经济产业园，已累计投入建设资金 35 亿元，完成基础设施投资近 12 亿元，全面完成了园区水、电、路、通信等基础设施建设，2018 年 6 月顺利通过国家发改委和国家财政部循环化改造示范试点园区验收；先后引进入驻天津天士力集团、中国中药集团、河北神威药业、湖南千金药业、甘肃奇正藏药、普尔康药业等知名中医药加工企业 27 家，2018 年签约引进了康美健康小镇、神威药

---

① "一主"即巩昌中医药精深加工区；"两副"即文峰分园区和首阳分园区。

业现代中药配方颗粒、中国中药陇西中药材交易仓储中心、采芝林中药科技产业园等重大招商项目，2018 年园区实现产值 23 亿元，上缴税金 1.3 亿元。在园区的聚集辐射带动下，全县较大规模的中药材加工企业达到 52 家，其中省级龙头企业 10 家，通过 GMP 认证的企业 24 家，成药制造企业 3 家，引进国药准字号产品 63 个，研发健字号、食字号各类保健产品 26 个；个体加工户 3800 户，年加工转化各类中药材 28 万吨，销售额近百亿元，吸纳就业 5000 多人。同时，坚持"以医带药、以药促医、医养结合、康养结合"，从制度设计、产业规划、项目配套、招商重点等方面突出中医药产业向大健康转型的鲜明导向，谋划实施了智慧中医堂、首阳中药材特色小镇等中医药文化旅游融合发展项目，建成了中医康养一条街和中医养生楼，大力发展中医康养、中医保健、中药膳食等大健康产业，中药材资源优势和发展潜力得到进一步发挥和释放。

3. 积极推进市场专业化，提高市场占有率

充分发挥"天然药仓"的自然气候优势、"陇上旱码头"的交通区位优势和"千年药乡"的产业基础优势，依托并整合原有文峰和首阳两个药材市场资源，结合陇西中医药循环经济产业园规划建设，由甘肃江能医药科技集团投资 4.9 亿元，在首阳镇规划建设了占地 200 亩、总建筑面积 5.3 万平方米，集公共服务中心、检测中心和培训中心、中药材交易商铺、原药材交易大棚和现代化江能饮片展销厅等多种功能为一体的首阳地产药材交易市场，可满足 3000 多个固定商户和 2000 多个摊位经营户正常交易，每到逢集日参与交易的群众达 5000 人以上，年交易原药材和饮切片 50 万吨，年交易额达百亿元。特别是甘肃中药材交易中心于 2018 年 1 月正式上线运营，积极探索"互联网 + 中药产业 + 金融服务 + 现代物流"的服务模式，有效解决了产业上下游客户信息不对称、商品质量不确定、融资难、

交易成本高等问题，实现了优质中药材资源共享，上线交易品种 44 个，日交易额 500 万—1000 万元，2018 年累计实现线上交易超过 4 亿元。截至目前，全县有各类中药材交易市场 23 处，年可集散各类中药材 1000 多个品种，年交易量近 100 万吨，交易额近 200 亿元，在全国市场上的占有份额达到 20% 以上，党参、黄芪等部分品种占到全国一半以上。

4. 积极推进仓储规模化，全力打造中医药全产业链

陇西县气候湿度小、光照足、通风好，干而不燥、凉而不阴，常年实际温度为 - 10℃—25℃，相对湿度为 25%—75%，形成了天然的阴凉库，药材存放不生虫、不发霉、不变质，是名副其实的"天下药仓"。近年来，按照"盘活存量、提升增量"的思路，采取新建和改造"两手抓"的办法，实现了仓储环节的规模扩大和仓储质量的有效保证。一方面，积极扶持现有的仓储企业对传统仓储库进行改造扩容，广泛采用辐照灭菌、低温干燥、红外线干燥等储存技术，积极推广应用低温充氮技术，切实保障中药材储存环节质量安全。另一方面，大力鼓励企业投资发展仓储业，先后依托中天物流公司投资 1.5 亿元，建成了占地 150 亩的甘肃陇西中药材物流园，配套建设规范化仓储库 20 栋 5 万平方米，新增仓储能力 5 万吨。引进康美药业启动建设了投资 15 亿元、占地 1000 亩、建筑面积 30 万平方米的康美甘肃西部中药城现代仓储物流交易中心，一期项目建成 4 万平方米标准化仓库和 5.5 万平方米商铺，二期项目完成交易中心、仓储区、商铺区建设，新增中药材静态仓储能力 30 万吨，项目全面建成后可带动全县中药材静态仓储能力较现有能力翻一番。江能医药集团投资建设了现代仓储物流智能云仓，用于中药材商品的收货、存储及发货作业，可实现静态仓储 5 万吨、动态 20 万吨的仓储及交收产能，初步实现了全智能、无人值守作业。同时，惠森药业集团与国家标准化研究院合作，于 2014 年制定并发布了 13 项

中药材仓储企业仓储标准，对中药材仓储业规范化发展产生了积极影响。目前，全县千吨以上仓储物流企业达到 35 家，静态仓储能力 100 万吨，年周转量达 200 多万吨。

5. 积极推进产品品牌化，提高市场竞争力

着眼提升中医药产业核心竞争力，大力实施品牌战略，积极开展宣传推介，2008—2015 年连续承办了八届中国·陇西中医药产业发展大会，2017 年成功举办了甘肃省中医药产业博览会。特别是高标准、高规格举办了 2018 中国（甘肃）中医药产业博览会，参会宾客 3000 多人，参会企业 1050 家、参展企业 666 家，布展面积 3.7 万平方米，引进签约项目 33 个、签约金额 33.8 亿元，首阳中药材交易中心在大会期间签订中药材原药和饮切片采购协议 22 份、采购总金额 20 亿元，会上还发布了《陇西宣言》，为中医药产业创新发展搭建了良好平台，成为继"兰洽会"、敦煌"文博会"之后甘肃又一张对外宣传名片。陇西先后被中国农学会特产之乡推荐暨宣传委员会命名为"中国黄芪之乡"，"陇西黄芪""陇西白条党参"获得国家质监总局地理标志保护产品，"华夏药都""天下药仓"两大类 19 个类别的产品和服务商标通过国家工商总局审查注册，国家质检总局命名陇西县为"全国中药材（黄芪、党参）产业知名品牌示范区"，"陇西白条党参""陇西黄芪"被农业部认定为"农产品地理标志保护产品"，"陇西黄芪"地理标志证明商标被国家工商总局认定为中国驰名商标。截至目前，全县累计申报注册"惠森""中天泰科""陇山渭水""陇元贵宝"等中药饮片、药茶、药膳等产品商标 30 多个；中天药业生产的"红芪口服液"具有完全知识产权，是全国独家准字号绿色非处方类药品。同时，坚持向科研要品牌，中天药业组建成立了"甘肃省特色药材规范化可追溯栽培工程技术研究中心"和"陇药工程研究中心"，陇西一方药业成立了"甘肃省道地中药材配方颗粒工程技

术研究中心"，甘肃数字本草检验中心成为省内唯一一家中药材
和中药材饮片以及农产品检验的专业第三方检验实验室，组建
成立了甘肃陇西中医药产业研究院、甘肃陇药产业工程技术研
究中心、甘肃省中药材检测中心和中药材种子种苗检测中心
"一院三中心"，挂牌运行了甘肃省食品检验研究院陇西分院和
甘肃省药品检验研究院陇西分院，为促进中医药产业健康发展
提供了强有力的技术保障。

（三）陇西县中医药产业扶贫的主要措施

为了更加精准地带动贫困人口脱贫，陇西县制订了完善的
中医药产业扶贫规划和政策措施，加大了产业扶贫的力度。
2019 年，陇西县中药材种植面积达到 2.35 万公顷，总产量
15.8 万吨，产值达 20.72 亿元，药材成为甘肃省贫困地区脱贫
主导产业，增收作用突出。据调查，在陇西县药材收益占农民
人均纯收入的比例达 35.4%，在一些主产乡镇比重更高，可达
70%—80%。带动全县 1.3 万户贫困户发展中药材种植 3.5 万
亩，户均达到 2.7 亩。种植药材已成为当地群众主要甚至唯一
的经济来源，中药材产业在促进农民增收中作用突出。农民人
均纯收入 1980 元，贫困人口增收 257 元，成功将贫困面下降到
0.89%，为实现全县脱贫目标奠定了坚实的基础。

专 栏 2

户主李守奎，陇西县首阳镇三十铺村人，家有 5 口人，
户主、妻子及 3 个上学的孩子。

扶贫前贫困状况：妻子一场大病，多次住院治疗，再加上
3 个孩子上学，让这个家庭背上了沉重的经济负担，经济来源
主要是县城务工、种植马铃薯、玉米，年人均收入 2500 元。

　　帮扶措施：2016 年通过帮扶获得 5 万元的扶贫贷款，购买了中药材种子、种苗等，开始做药材的种植、加工等的小本生意；参加中药材种植技能培训掌握种植技术；种植面积扩大后又通过技术及资金支持，进行中药材的简单加工。2018 年获得产业扶贫到户资金 2 万元，以实物形式购买农资和小型农机具。

　　帮扶成效：2016 年通过发展中药材种植产业，收益 6 万元，主要种植的是党参、黄芪、关防风。开始对一些中药材进行不同程度的加工，2017 年加工了 1 吨当归，净收入达1.6 万元。2018 年净收入达 3.1 万元，2019 年净收入达 4 万元，人均收入约 8000 元，李守奎家庭生活得到保障的同时生活水平明显提升。

1. 完善带贫机制，建立产业发展模式

　　针对有中药材种植意愿但劳力不足的贫困户，陇西县探索建立了"六个十"产业扶贫基地，引导 24 家龙头企业（合作社），整合资金 717 万元作为配股资金，撬动企业资金 2450 万元，按照"公司 + 贫困户 + 基地"的运行模式，通过土地流转建立中药材生产基地 20 个共 572 公顷，其中，建立种子种苗繁育核心基地 10 个共 132 公顷，辐射全县建立中药材种子种苗繁育基地 0.33 万公顷；建立标准化种植基地 10 个共 440 公顷，辐射全县建立中药材标准化种植基地 1.6 万公顷。百宝药业在柯寨镇张家湾村建立 66.67 公顷中药材标准化种植基地，采挖期间，每天投入机械 4 台、人工 25 人左右，人工工资支出 3000 元/天（每人 120 元/天），前后一个月时间，支出人工工资超过 10 万元。

2. 强化政府引导，实现合作共赢

　　为确保药农增收、药企增效，陇西县及时研究出台相关政

策，建立龙头企业备案和"以奖代补"协调制度，按照"五统一"模式（即统一物资发放、统一技术指导、统一田间管理、统一病虫害防治、统一组织回收）运行，积极协调千金、百宝、普尔康等33家龙头企业，2019年12月底前按高于市场价5%的价格进行收购，并协调药企与乡（镇）政府、贫困户签订中药材收购协议，促使三方建立稳定的利益连接机制。

3. 覆盖产业保险，保障药农收益

建立健全农业保险防范产业发展风险机制，完善政府补贴与保险公司风险保障机制，通过广泛宣传引导药农积极参加中药材产值保险，切实扩大中药材保险覆盖面，保障药农收益。2020年陇西县在开展党参、黄芪等大宗中药材品种产值保险的基础上，积极争取将柴胡、黄芩、款冬花等品种纳入保险范围，把政策性保险和精准扶贫紧密结合，通过实行财政保费补贴，实现了建档立卡贫困户应保尽保目标。2020年，党参、黄芪2个品种纳入省级补贴品种参保，柴胡、黄芩、红花、款冬花4个品种纳入"一县一（多）品"保险品种参保。陇西县中药材综合产量实现3连增，创历史新高，但部分区域的个别品种因灾造成减产，县农业农村局将及时准确提供测产信息，督促协调保险公司按标准理赔，保障药农最低收益。

4. 建立药源基地，带动贫困人口增收

依托中药材产业发展项目，扶持甘肃绿能农科、普尔康药业、百宝药业、陇红药业4家龙头企业，通过流转土地、订单种植，分品种（黄芪、黄芩）采用露头栽培、高起垄直播等集成栽培技术，建立标准化种植基地4个共140公顷，并为各基地投放多光谱太阳能杀虫灯85台、粘虫黄板1.2万张，开展虫害物理防治。依托特色产业标准化提升专项资金扶持中药材高标准种植基地项目，通过"以奖代补"的方式，鼓励引导龙头

企业建立标准化药源基地，与农户结成稳定的产销合作关系，带动药农增收，共投入补贴资金184.32万元，扶持31家龙头企业（合作社），结合区域道地药材产区优势，采取"企业＋合作社＋贫困户＋基地"、"订单式"生产、"三跟三走"等模式，以黄芪、黄芩、党参、柴胡、款冬花、红花、板蓝根、丹皮、太子参等品种为主，建成31个中药材标准化种植药源基地768公顷。同时，大力扶持一方制药、普尔康等中药材加工企业开展中药材精深加工，有力带动陇西县中药材产业高质量发展

截至2019年年底，全县累计减少贫困人口14.22万人，贫困人口下降到1391户4137人，贫困发生率下降到0.96%，134个建档立卡贫困村全部实现脱贫退出，是全市唯一贫困村退出比例达到100%的县，高质量实现了整县脱贫摘帽目标。陇西县把发展中药材特色产业作为脱贫攻坚的关键抓手，按照"宜种则种、宜养则养、宜林则林"的原则，因地制宜、精准施策，大力发展中药材特色产业，形成了"县有片区、乡有产业、村有项目、户有支撑"的发展格局。从根本上巩固脱贫成效，确保贫困人口真脱贫、不返贫。

（四）陇西县首阳镇中医药产业发展典型案例

首阳镇位于甘肃省东南部、定西市中部、陇西县西部，距陇西县城21千米，渭水穿境而过，属渭河河谷平原区，境内310国道、省道209线等公路主干道交会，陇渭高速贯穿全镇并设有出口，是陇西县的西大门，经济辐射渭源、漳县、岷县以及周边乡镇。辖区面积131平方千米，耕地面积10万亩，现辖16个村，95个村民小组，10600户，农业人口4.9万人，流动人口7800人，2018年城乡居民人均可支配收入达10157元。首阳镇是西北最大的党参、黄芪集散交易市场，有党参、黄芪

"晴雨表"之称。先后被中国特产之乡评审委员会命名为"中国黄芪之乡";被农业部认定为"农产品定点市场";被甘肃省乡镇企业管理局确定为"甘肃乡镇企业示范区"。成为西北地区最大的地道中药材仓储集散中心和"十大陇药"生产基地,2017年7月入选全国第二批特色小镇。

1. 发展状况

紧紧围绕市县两级全力打造"中国药都"和创建"绿色道地"品牌的目标定位,立足资源优势,狠抓基地建设、龙头培育、饮片加工、市场营销和仓储物流等重点工作,初步形成了种植标准化、加工园区化、市场专业化、仓储规范化、物流网络化的良好发展格局。

(1) 种植环节

首阳镇中医药产业发展历史悠久,自然、气候条件和生态环境适宜多种中药材生长和发育,中药材野生资源丰富,种植中药材历史悠久,产品质高量大,主要种植的中药材有党参、黄芪、红芪、板蓝根、甘草、银柴胡等20多个品种。2019年,依托中国药都·陇西药圃园位于镇区的地理位置优势,在董家堡村和禄家门村建立了1个1000亩的黄芪标准化种植基地、1个500亩的黄芩标准化育苗基地。同时,积极开展无土栽培育苗试验示范和新品种引进、种子种苗繁育,广泛推广应用地膜穴播育苗、露头栽植等适用增产技术,引导群众合理倒茬轮作、施用有机肥料、改良土壤结构,从源头上有效保证了中药材品质和质量安全,全镇中药材种植面积稳在5万亩左右,占总耕地面积8万亩的62.5%,广大群众人均种植收益在4800元以上,占全镇人均可支配收入的一半还要多一点。

(2) 加工环节

依托全县中医药产业"一主两副"总体战略布局,于2009年7月启动建设了首阳中医药产业园,项目规划占地面积1.5

平方千米（2250亩），总投资46亿元，规划布局饮片加工、精深加工、综合服务等功能区。目前，已累计完成投资25亿元，建成面积0.5平方千米，引进入驻江能集团、扬子江药业、圣大药业、召中康等企业16家。该项目全面建成后，可容纳中药材加工企业及较大规模经营户160多家，年饮片加工能力达到25万吨，精深加工能力达到3万吨，将成为名副其实的"中国饮片加工城"。

（3）交易环节

依托便捷的区位交通优势，于2012年8月建成了西北最大、全国重要的中药材原产地交易市场——首阳地产药材交易市场。目前，逢集日原药交易量达到350吨、饮片60吨，年交易量达到15万吨、交易额40亿元，常驻外地客商3500多人，吸纳就业1800多人，带动发展中医药类规模以上工业企业4家，限额以上商贸流通企业5家，快递物流企业8家，网店40多家，已成为陇西与全国各大中药材市场对接的重要平台。为进一步提升市场承载力、加快交易信息化建设，建成连接国内国外的中药材自交易平台，投资2.4亿元提升打造了甘肃中药材交易中心。交易中心的运营将进一步促进陇西乃至甘肃中药材资源的流通和发展，成为中国西部最大的地产中药材及切片交易市场、信息发布和价格形成中心。为进一步加强仓储行业的规范化建设，引进甘肃中药材交易中心数字化智能仓储立体库建设项目，并于2018年6投入使用，静态仓储能力达5万吨，动态仓储能力达30万吨以上，实现全智能、无人值守作业，将进一步为中药材交易商提供优质、高效的仓储服务和仓储环境，为中药材供应链金融服务创造优越条件。

（4）经营环节

依托首阳得天独厚的条件和现有的基础，大力扶持培育工业、商业和物流企业，参宝药业、汉草品汇、国通药业、聚善堂药业等5家企业纳入全县规模以上工业企业统计范畴，占全县规模以上工业企业总数的 18.5%。效德药业、通源药业、徽鑫药业、鹏飞药业、稷丰种业 5 家企业纳入全县限额以上批发企业统计范畴，占全县限额以上批发企业总数的 50%。新培育亚龙、腾达、让生、四海等物流企业 8 家，年输转量达到 42 万吨，将地产药材输送到全国各地。大力推进"大众创业、万众创新"，培育发展"沁草堂""卧龙山庄""芪农世家"等网店40 多家，实现交易额 700 多万元。

陇西县首阳镇把中药材作为扶贫攻坚、富民兴镇的优势产业，区域化布局、规模化种植、精深化加工、标准化生产、集约化经营，形成了产供销一条龙、贸工农一体化的产业化发展格局。首阳镇突出中药材产业优势，以药增收，取得明显成效。去年，全镇农民人均纯收入达 3788 元，高出全县农民人均纯收入水平。带动周边 2400 户农户从事个体中药材加工，年加工中药材 1.5 万吨，产值 1.2 亿元，解决了周边 1 万余人的就业问题，年提供劳务收入 1.3 亿元。从解决"两不愁、三保障"走向了产业振兴、乡村振兴，全面建成小康社会的典范和西部特色小镇发展的典范。

2. 陇西县中医药产业扶贫存在的困难和问题

(1) 种植环节

一是种植积极性逐年下降。由于市场价格不稳定、种植地块普遍较小，不适宜机械作业、种植费时费力，产值收益相对较小等因素，部分青壮年劳动力不愿意在家种植中药材，而是选择外出务工或从事其他行业，导致中药材种植面积有逐年下降的趋势，好多山坡地由于无人耕种已变为荒地。10 年前李家营、水月坪等村水浇地红黄芪种植非常普遍，但目前农户大多选择省时易收的玉米等作物或产出效益更高的柏树苗等作物，现在在李家营、水月坪等村的水浇地里几乎看不到种植的中药材。二是优质种子种苗选育滞后。首阳镇虽然依托首阳药圃园和稷丰种业等资源优势在中药材种子种苗培育选育、提纯复壮等基础性科研方面走在全县前列，做了大量的实验研究和示范推广，但受科技研发和技术水平限制，工作开展不够深入全面，新品种的引进试验和原有品种的改良优化相对滞后，可转化推广的中药材良种偏少，广大药农更多还是依靠自繁自育，中药材育种、制种及种苗繁育体系尚不健全，导致中药材种植品种单一，药材品种混杂、种子种苗退化的问题比较突出，抗御市场风险的能力不强。三是标准化种植技术推广应用仍然不力。从药农来讲，受经济利益和生产成本等因素驱动，主动运用无公害、标准化种植技术的积极性不高，重茬种植、大量使用化肥以及高残留农药和"壮根灵"等植物激素的现象依然存在，造成土壤板结、营养失衡，黄芪麻口病、党参根腐病等中药材病害普遍发生，特别是重金属含量和农药残留超标的问题依然没有杜绝。从企业来讲，大规模建设中药材标准化种植基地的土地、人工等成本逐年增加，基地生产管理技术人才严重短缺，特别是中药材优质优价的市场机制还没有建立起来，种植效益得不到有效保障，一定程度上降低了合作社和企业建设、扩大标准化基地的积极性。从乡镇来讲，对标准化种植技术的推广应用仍然重视不够，对群众的宣传培训和示范引导力度不大，在引导合作社、企业建设标准化原料供应基地，特别是利用财政扶持资金撬动金融和社会资本参与方面思路不活、办法不多。四是中药材品质及产量下降。由于土壤结构破坏、化肥农药使用以及种质资源退化、青壮年劳动力农闲时外出务工，疏于田间管理等原因，部分中药材品种有效成分含量减少、品质下降，个别品种还造成了产量下降、主产区外移。同时，受利益驱动，个别药农盲目种植亩产较高的欧当归、水防风等伪品中药材，不仅严重影响用药安全，也对全镇产业健康发展造成了负面影响。

（2）加工环节

一是产地初加工不够规范。目前，陇西县有较大规模的中药材加工企业 10 家、个体加工户 3500 多户，其中通过新版 GMP 认证的加工企业仅 6 家，大多数以家庭作坊式加工为主，环境卫生质量达不到规范要求，清洗（浸泡）、烘干等环节技术原始落后，加之缺乏完善的中药材产地初加工管理制度和标准，产品品质难以有效保证。为有效解决饮片生产经营不规范的问题，陇西县借鉴亳州等地经验，提出依托甘肃扬子江中药材研发有限公司首阳饮片加工基地建设项目，采用统一生产、统一检测、统一包装、统一品牌、统一销售"五统一"模式，对饮片加工进行统一管理，但由于该项目仍处于建设阶段，这项工作尚未取得实质性进展。二是精深加工层次不高。首阳镇中药材加工目前主要以大宗药材的挑选、分等、切片为主，中成药和保健品等高附加值产品、化妆品、生物医药等高端化产品尚属空白，现有加工企业大多数小而散，科技研发、生产经营和整体实力都比较弱，加工层次较低，产业链条较短，科技含量和附加值不高。三是药膳保健养身等大众化产品推广缓慢。长期以来，在产业发展上不同程度地存在认识误区，认为加工越高端、附加值就越高、企业的效益就会越好，便将发展的重点盯在了中药材中高端加工上，而对于更易于群众和市场接受的中药膳食、康养保健等大众化产品开发力度不够。目前，黄芪、党参等道地优势品种虽然没有正式批复为国家药食同源目录或新资源食品品种，但同意进行两年药食同源产品试生产期，且实际上大量销往东南沿海地区就是用于日常膳食使用，市场需求量保持稳步上升，虽有一些企业开始了尝试，但总体上没有取得突破性进展。不可否认，高端化是我们必须提倡鼓励的发展方向，但如何占领大众化的市场我们也一定要认真思考。

（3）仓储环节

江能医药甘肃中药材交易中心智能云仓项目正在建设当中，全镇现有的中药材仓储库大多是由原来的各类物资储存库转型而来，或者是药材大户自行修建，设计标准较低，设施相对简陋，管理不够规范，企业也因改造成本高、难度大、资金不足等原因不愿意或无力进行标准化改造。同时，全镇从事中药材仓储保管的人员大多是种植户和经销商，缺乏相应的仓储管理知识，部分药农和药商为了追求药材净重，在中药材采挖后经过简单的晾晒和分拣就堆积在一起，药材水分含量较高，仓储过程中极易变质；甚至个别农户和经销商在仓储过程中仍然使用硫黄熏蒸、磷化铝杀虫等方法，造成了中药材在储存过程中的二次污染。近年来，随着国家对中医药产品的质量问题越来越重视、监管力度越来越大，国内外各类中医药加工企业对中药材原料的采购也更加严格规范，对中药材传统仓储技术提出了新的要求，而首阳镇作为全国中药材重要仓储集散地，优势没有完全发挥出来，与上级目标还存在一定差距。

（4）**流通环节**

一是市场功能不够完善。首阳地产药材交易市场质量检测、信息发布、担保融资等服务平台不够完善，现代化、信息化程度不高，甘肃中药材交易中心因上市运营时间较短，交易品种较少、交易规模不大；电子商务发展仍然比较缓慢，农村物流配送体系还不完善，中药材网上交易的空间和潜力还没有充分挖掘和利用起来。二是市场管理不够规范。一方面，市场经营主体繁杂，经营方式多样，交易的随意性和随机性较大，更有一些客商缺乏诚信守法观念，囤积货物、炒作价格等现象依然存在，导致中药材市场部分品种价格波动较大。另一方面，市场管理体制不够健全完善，重收费、轻管理，重制度建设、轻制度落实的问题比较普遍，个别商户随意提高"过称费"，增加了交易成本，部分药商和药农因此转移到渭源等外地交易。

（5）**品牌环节**

尽管当地政府对中医药产业品牌打造非常重视，通过连续多次承办中医药产业博览会，产业的影响力和知名度不断提升，但在如何经营品牌、发挥品牌效益上仍然存在思路不活、办法不多的问题，品牌的集聚和经济效应没有充分发挥。大多数企业主尽管在思想上对品牌的重要性认识比较到位，但在如何打造品牌上缺乏有效的思路办法，个别企业仍然抱着"酒好不怕巷子深"的传统观念，存在重当前轻长远，重基础建设和生产投入、轻品牌打造和产权保护的问题，没有形成自己的"拳头"产品，不利于企业的做大做强。

（五）陇西县进一步做强做大中医药产业的思路

1. 建基地、提品质，全力推进种植标准化工程

一要在提高种植积极性方面精准发力。通过 2019 年第一批财政专项扶贫资金给标准化种植中药材的贫困户每亩补助 480 元有机肥的政策机遇，广泛动员贫困户种植中药材，有效形成带动示范效应。同时要多渠道宣传中药材产值保险，规范中药材产值保险的收缴，让真正种植中药材的农户做到应保尽保，杜绝部分农户套保骗保的情况发生，有效规避种植风险与市场风险。要通过近年来农村基础设施建设的广泛实施，多渠道筹措资金，采取投工投劳等方式加宽山坡地道路，要鼓励农户以自行兑换耕地的形式扩大单个地块面积，为机械化耕作提供条件。二要在优质种子种苗选育和推广方面精准发力。依托陇西药圃园，通过土地流转等方式，在董家堡、菜子坪等村积极开展党参、黄芪等大宗品种的提纯复壮、新品种选育等工作，力争通过三年时间建成中药材优质制种田 2000 亩。稷丰种业等企业要切实发挥自身优势，采取"企业＋合作社＋基地"模式对优质中药材种子进行扩繁。各村要采取典型案例讲解等形式鼓励合作社农户选用优质种子种苗栽种中药材，提高品质产量，争取到 2020 年良种普及率达到 50% 以上。三要在标准化种植方面精准发力。要动员引导广大群众以有机肥替代化肥，推广应

用高效低毒低残留农药以及标准化种植技术，着力解决土壤营养失衡、病虫害增加、重金属含量和农药残留超标等问题，从土地的源头上保障中药材品质和产量。鼓励有条件的企业、合作社积极探索"农村三变"改革，以农户土地承包经营权折价入股的形式整合土地资源，广泛建设中药材标准化种植基地，力争3年内全镇标准化种植基地企业达到10家、标准化种植核心基地达到1万亩。

2. 建园区、搭平台，全力推进加工精深化工程

为推动中药材加工提质增效，甘肃省省、市各级均提出，将当归、党参、黄芪等主栽品种列入农产品产地初加工扶持范围，对中药配方颗粒生产使用、企业技术改造、健康产品开发等方面予以支持。为此，我们必须紧盯以下四个方面：一要多措施规范初级加工。要鼓励个体加工户引进标准化烘干、切片、储藏、包装等设备，镇食品药品监督管理所要制定切实可行的办法，加强对个体加工户的监管，杜绝加工过程中的污染，加强生产过程质量安全控制。要按照"扶优、扶强、扶大"原则，采取"五统一分"的经营模式，引导镇内切片初加工散户组建中药材初加工农民专业合作社，并积极入驻江能、扬子江饮片加工基地，推动全镇中药材初加工向规范化、标准化、规模化发展。要按照"规范提升、整合重组、集团发展"的思路，全力打造中药材产地初加工特色村镇，加快甘肃扬子江中药材研发有限公司首阳饮片加工基地建设，逐步优化完善全镇中药材初加工产业布局。二要多途径做大精深加工。镇内各企业要通过倚大联强、兼并重组、技术升级等途径，打造集中药饮片、提取物、成药、保健品等为一体的大众化、高端化产品加工体系，要从长远出发，研发使用药材无硫加工、一体化饮片加工等工艺技术，生产小包装饮片、超微细粉饮片、直接口服饮片等新型中药饮片及标准化中药提取物。同时，要抢抓国家将党参、黄芪列入药食同源目录两年试生产期的有利机遇，应用党参、黄芪等特色中药材资源，研发生产各种膏方、药膳、药酒、功能性饮料、即食食品、休闲食品、速冻食品等大众化的大健康产品，丰富中医药产品种类，拓宽中药材加工发展方向。三要多渠道壮大市场主体。要用好用活国家和省市县招商引资优惠政策，广泛借助"兰洽会""西洽会"和中医药产业博览会、李氏文化旅游节等节会平台，围绕现代制药、大健康产品开发等重点，加强与修正集团、汇仁集团、仁和集团、步长集团、太极集团、北京同仁堂等国内知名大型中医药企业的精准对接联系，加大对龙头项目和产业链缺失环节的招商引资和项目引进，力促合作项目早落地、早建设、早投产、早见效。江能、扬子江等企业要通过联合、兼并、参股、控股等形式与省内外企业进行战略重组，着力打造一批规模大、效益好、品牌优的陇药产业发展团队，助力中医药产业转型升级。四要多方面提升园区承载能力。积极推进特色药材小镇建设，加快江能药业、扬子江药业饮片加工基地建设项目实施和招商运营，全力打造"中国（首阳）饮片城"。

3. 抓项目、促升级，全力推进仓储规模化工程

为推进仓储设施建设，省上提出对新建仓储能力在100吨以上的中药材仓储库给予每100吨10万元奖补、最高不超过50万元，对烘干能力为一批1吨的烘干设施给予10万元奖补。一方面，要推进规范化仓储设施建设。首阳镇镇内企业要对传统仓储库进行改造升级，建设诸如江能药业智能云仓之类的高标准现代化仓储库，推广运用智能化堆码、气调储存养护、低温养护等先进仓储技术和管护标准。要通过禄家门、二十铺等村气调库的建设，引导广大药农和药商建修或租赁气调库，规范仓储，镇食品药品监督管理所要和药农、药商签订规范仓储目标管理责任书，坚决杜绝硫黄熏蒸和磷化铝杀虫等。另一方面，

要推进中药材流通追溯体系建设。依托首阳地产药材交易市场，整合现有各类中药材溯源资源，建立道地中药材从种植、加工、收购、储存、运输、销售到使用全过程的质量责任可追溯链条，实现道地中药材来源可知、去向可追、质量可查、责任可究，打造道地安全中药材生产体系，并于2019年年底实现首阳镇全镇道地中药材追溯体系全覆盖。

4. 重培育、强监管，全力推进市场专业化工程

为积极拓展国内外市场，甘肃省省、市、县各级明确提出支持中医药企业发展电子商务和中远期现货期货交易，对企业在境外开展产品认证注册给予资金支持，对参加由甘肃省统一组织或列入甘肃省重点展会计划的境外展会给予支持等政策。要重点抓好以下三个方面的工作：一要培育壮大市场。加快培育构建以专业市场为主体、产地市场为补充、现代市场为拓展的中药材市场体系。要全力抓好首阳地产药材交易市场改造，加快完善质量检测、信息发布、担保融资、集中结算等配套功能，提升市场服务水平。要扎实推进稷丰种业首阳中药材种子种苗交易市场建设，着力完善功能互补、布局合理的中药材市场体系。甘肃中药材交易中心要研发更多线上交易的中药材品种品规，帮助拓展线上市场销售渠道，推动交易中心常态化上线运营，提升在全国市场的中药材价格话语权。二要加强市场管理。镇综合执法所牵头，制定出台首阳镇中药材市场交易管理的措施办法，从经营主体准入、产品质量把关、交易费用收取、违法行为追究等方面作出明确规定，采取有效措施加强日常监管，规范市场交易行为，保障交易主体权益。三要推进电子商务。镇电子商务室要衔接指导全镇各家网店规范运营，发挥其集聚抱团、示范引领的带动作用，对接引进电子商务龙头企业来首阳设立分支机构，鼓励有条件有实力的经销户、经销企业依托自身品牌开设网络旗舰店、专卖店，应用第三方平台

开展中药材销售、广告宣传、售后服务等一系列活动，拓展在线交易、在线支付业务。逐步构建中药材全流程电子商务服务生态供应链管理机制和从源头到流通的一站式服务体系。同时，要进一步完善村淘服务中心电商技能培训、政策解读、信息收集发布、创业辅导、代运营、菜鸟物流等服务体系，为镇村两级电商服务站点提供产品整合、销售信息和技术指导等服务，助推全镇中药材电子商务健康发展。

5. 抓宣传、创名牌，全力推进产品品牌化工程

对于培育品牌，甘肃省省、市各级均建立了商标奖励制度，对获得中国驰名商标、中国名牌产品、地理标志证明商标、原产地证明商标以及甘肃省著名商标、甘肃名牌产品的给予不同标准的奖励，并对年销售收入过5000万元以上的品种予以扶持。要切实增强"品牌"意识，以品牌优势助力产业升级。一要做大优势产品品牌。积极衔接工信、开发委、工商等部门，指导镇内中医药加工企业研发生产更多拥有自主知识产权、科技含量高的品牌产品，支持企业开发具有陇药特色的自主品牌，打造一批陇药饮片、药膳、保健品等知名品牌。下大力气注册和争创一批知名商标、著名商标和驰名商标，提高企业和产品的综合竞争力。二要提升产业知名品牌。积极衔接质监、开发委、农牧、工信、工商、商务、中医药产业局等部门，鼓励引导企业在产品生产和销售过程中规范使用"陇西黄芪""陇西白条党参""西北药市""天下药仓"等区域性品牌和资源性品牌，充分发挥公共商标和公共品牌效应，增强市场话语权。三要加大品牌宣传推介。积极组织动员镇内中医药企业广泛参加各类节会，鼓励有发展潜力的中小企业走出去参加国际国内的大型产业会议论坛，特别是我国香港、澳门地区和"一带一路"沿线国家、地区的各类活动，在学习交流、参观考察的同时大力宣传推介首阳镇中药材产品及品牌。充分利用报刊、广播、

电视等传统媒体和微信公众号、QQ 群等新兴媒体，全方位广泛宣传推介首阳镇中医药产品特色和品牌优势，让首阳镇的中医药产品品牌得到行业认同、市场认同和消费者认同，着力扩大企业和产品的影响力和知名度。

6. 重挖掘、促融合，全力推进大健康产业工程

首阳镇镇内各企业要深度挖掘陇西深厚的中医药文化积淀，将其与李氏文化紧密结合起来，大力发展文旅融合业态和中医药大健康产业，努力打造以药养、食养、文养为特色的中医药康养品牌。要主动融入丝绸之路旅游黄金带和国家中医药养生保健旅游创新区建设。加快实施首阳中药材特色小镇建设，规划建设中医药养生文化园、理疗馆、药疗馆、药膳馆以及中医药康养体验中心等特色场馆，扶持引导镇内企业开发中医康养、中药足浴、温泉疗养等体现养生特色的产品服务。要大力推进中医文化进校园、进乡村、进家庭、进企业活动，宣传中医药文化，普及中医药知识。创新开发地方特色餐饮美食菜系，按照"一个示范店一个特色菜系"的思路规划建设特色餐饮示范店，建立特色鲜明的陇西地方菜系。

在精准扶贫的大背景下，产业扶贫必将扮演越来越重要的角色，如何改善产业扶贫的模式就变得越发重要。陇西县中医药产业探索采用"联合社＋合作社＋基地＋农户"的扶贫模式，正是在探索通过扶持强有力的中间组织将个体农户生产力与高效、集约、规模化运作的现代产业模式有机结合起来，从而在贫困地区逐步培育出完善的市场运作机制，通过贫困地区整体的经济发展再带动贫困个体的发展，最终达到减贫、脱贫的目的。

六　通渭县新能源扶贫案例

通渭县年平均温度 7.7℃，最高气温达 32.1℃，年日照时数 2430 小时，年利用时数达 1400 小时，年太阳辐射量为 130.3 千卡/平方厘米，光热资源充足，具有良好的光伏发电条件。2014 年 12 月国家能源局批复建设通渭风电基地以来，通渭县依托光伏扶贫，使全县近 2 万贫困户一年四季有了稳定收入，2000 多名贫困农民有了电站运维的新职业，不仅有效破解了村级集体经济"空壳"问题，更成为老百姓增收的"铁杆庄稼"，探索出了一条新兴绿色产业发展与脱贫产业开发相宜相长的精准脱贫新路子。

（一）通渭县新能源扶贫的背景

1. 通渭县自然条件和经济社会发展状况

通渭县位于甘肃省东南部，定西地区东部，华家岭东侧，渭河北岸支流——散渡河（牛谷河）中上游。地处北纬 34°55′—35°29′、东经 104°47′—105°38′。东西长约 78 千米，南北宽约 64 千米，总面积 2908.5 平方千米。现辖 18 个乡镇，332 个村，10 个社区，2018 年年末户籍人口 44.67 万人，县内总耕地面积 183 万亩。通渭县属于黄土高原干旱、半干旱的区域，地处黄土高原丘陵沟壑区，多黄土梁、峁和河谷阶地，海拔 1410—2521 米，年均气温 7.5℃，冬季最低气温一般在 −20℃

左右，夏季最高气温一般在30℃左右，年温差较大，年降水量380毫米左右。境内耕地多以山地为主，兼有少量的川地，山地面积占总耕地面积的45%。沟壑纵横，水土流失严重，频繁发生干旱等自然灾害。2011年被国家列入六盘山区集中连片特困地区，2017年被列为全省23个深度贫困县之一。

2019年，通渭县完成地区生产总值43.8亿元，固定资产投资24.7亿元，社会消费品零售总额10.76亿元，大口径财政收入3.68亿元，一般公共预算收入2.09亿元，财政支出37.89亿元，城镇居民人均可支配收入24782元，农村居民人均可支配收入7431元，城镇登记失业率3.9%。

2. 通渭县新能源扶贫的背景和基础

在农村地区利用自然风能、光能等新能源发电既清洁环保、技术可靠，又能获得稳定的收益，因此逐渐得到社会各界的广泛重视。2014年，国家能源局会同国务院扶贫办启动了光伏扶贫试点工作，2015年年初下达了安徽、河北、甘肃等6省光伏扶贫试点专项建设规模150万千瓦的指示。2016年，国家能源局会同国家发展改革委、国务院扶贫办等联合印发了《关于实施光伏发电扶贫工作的意见》，光伏扶贫工作在全国全面展开。截至2017年年底，已纳入国家光伏扶贫补助目录的项目达553.8万千瓦，覆盖贫困户96.5万户。通过多年努力，光伏扶贫取得了稳定带动群众增收脱贫、有效保护生态环境、积极推动能源领域供给侧改革等一举多得的效果，成为精准扶贫的有效手段，增强了贫困地区内生发展活力和动力。

通渭县风力资源丰富，光照充足。年均有效风速4.7米/秒、有效发电时数6000小时。风力资源大多聚集于华家岭、牛营大山—黑燕山区域、陇山—新景梁沿线等区域，华家岭全年可利用有效风速时间大于6000小时，年日照时数2430小时，且工程地质、交通运输、环境影响及施工安装等建设条件优越，风能开发前景广阔。2014 年，通渭县被国家能源局和国务院扶贫办确定为"全国光伏扶贫试点县"，2014 年 12 月国家能源局批复建设通渭风电基地，是全省第三个、陇中地区唯一一个百万千瓦级风电基地，通渭县新能源扶贫拉开了序幕。

项目批复以来，通渭县以创建"陇中百万千瓦级风电基地"和"全国光伏扶贫试点县"为目标，立足风光资源，坚持把光伏扶贫作为增加农民收入的重要抓手，立足富集的光照资源，按照"养好畜、发好电、写好字、用好水、种好树"的绿色发展要求，坚持将新能源产业列为"三大主导"产业之一，积极探索农光互补、畜光互补、林光互补的村级光伏电站建设模式，以新能源产业发展促进经济转型升级，推动精准扶贫、精准脱贫。先后实施户用光伏电站 2421 千瓦、村级光伏电站 9 万千瓦、集中式电站 7 万千瓦，覆盖全县 71.3% 的贫困户和 100% 的贫困村实现增收。依托光伏扶贫，确保了近 2 万贫困户一年四季的稳定收入，电站运维解决了 2000 多名贫困农民的就业问

图 6-1　通渭县光伏发电基地

题，全县 198 个贫困村集体经济实现了从无到有、从弱到强，不仅有效破解了村级集体经济"空壳"问题，成为老百姓增收的"铁杆庄稼"，更成为巩固脱贫成果、促进乡村振兴的有效路径。

（二）通渭县新能源建设的主要内容

1. 风电建设

2014 年 12 月，《甘肃省通渭风电基地规划》获得国家能源局批复，共规划布局 12 个风电场，总体建设规模为 200 万千瓦，其中在通渭县范围内建设 8 个风电场，总装机容量 120 万千瓦，总投资约 115 亿元。截至目前，该县已建成 30 万千瓦，在建 50 万千瓦，2020 年计划新开工 40 万千瓦。

已建成并网 30 万千瓦项目是华家岭 10 万千瓦风电场项目和义岗一期 20 万千瓦风电场项目。华家岭 10 万千瓦风电场项目位于通渭县华家岭镇，总投资 7.5 亿元，于 2013 年 12 月建成并网，截至目前累计发电 12 亿千瓦时，实现收益 6.96 亿元，纳税 620 万元。义岗 20 万千瓦风电场项目位于通渭县华家岭、北城、义岗等乡镇，总投资 13.2 亿元，2015 年 12 月建成并网，截至目前累计发电 12 亿千瓦时，实现收益 6.96 亿元。

在建 50 万千瓦项目是陇阳 20 万千瓦风电场项目和 2019 年 30 万千瓦风电场项目。陇阳 20 万千瓦风电场项目位于通渭县陇阳、陇山等乡镇，总投资 15.7 亿元，2019 年 12 月首批建成并网 5 万千瓦，截至目前累计发电 2016.6 万千瓦时，计划 2020 年 5 月底前累计并网 15 万千瓦，7 月底前全容量并网运行。2019 年 30 万千瓦风电场项目共规划义岗二期、黑燕山二期等 3 个风电场，义岗二期风电场均位于通渭县华家岭、马营、平襄等乡镇，各场分别投资 7 亿元；黑燕山二期风电场位于通渭县马营、什川等乡镇，总投资 7 亿元。

2. 光伏电站建设

2014 年 12 月，通渭县被列为"全国光伏扶贫试点县"，此后全县共建成光伏扶贫项目 16.24 万千瓦，其中户用分布式光伏电站 807 户 2421 千瓦，村级光伏电站 9 万千瓦，集中式光伏电站 7 万千瓦。

（1）户用分布式光伏电站

2015 年 11 月在甘肃省率先完成 200 户 600 千瓦分布式光伏扶贫项目并网发电。2016 年以来，围绕解决贫困人口后续产业发展问题，实施户用分布式光伏电站 607 户 1821 千瓦，截至目前 807 户已全部建成并网发电。户用分布式光伏电站，户均装机容量 3 千瓦，产权和收益归贫困户所有，年户均收益 3000 元左右，可持续收益 20 年以上。

（2）村级光伏电站

全县以单村建设和联村共建的方式，采取露天单立柱、双立柱、桁架、"桁架 + 大棚"的农光互补和畜光互补等形式，先后建成村级光伏扶贫电站 96 个，装机容量 9 万千瓦，总投资 7.2 亿元。项目产权按比例确权到全县 198 个贫困村，每村容量 450 千瓦，发电收益形成村集体经济，主要用于开展公益性岗位扶贫、奖励补助扶贫、易地搬迁配套产业扶贫和到户产业扶持资金入股配股扶贫、小型公益事业扶贫等。截至目前，9 万千瓦村级光伏扶贫电站共结算收益 5466.34 万元，其中基础电费 3891.88 万元，国家可再生能源补贴 1574.46 万元。

（3）集中式光伏电站

2015 年以来，在通渭县光照充足、地形有利、产业较好的榜罗镇通过农光一体化的模式建设集中式光伏电站 2 个，总投资 4.8 亿元，装机容量 7 万千瓦。一是通渭县 2 万千瓦集中式光伏电站项目，位于榜罗镇桃园村，总投资约 2 亿元，装机容量 2 万千瓦，年发电量 2400 万千瓦时，年收益 2280 万元，已完成全部光伏本体建设，正在开展场区内道路、围栏等扫尾工作。二是通渭县5万千瓦集中式光伏电站项目，位于榜罗镇文川村、文树村，总投资约2.8亿元，装机容量5万千瓦，已完成全部光伏本体建设，正在开展项目自验。

（三）通渭县新能源扶贫的具体措施

1. 立足资源优势，紧盯"一个目标"制定发展规划

紧紧围绕脱贫攻坚大局，紧扣贫困户稳定增收、稳定脱贫这一目标，立足丰富的光热、土地资源，结合光伏扶贫清洁环保、受益长远的优点，制定了《通渭县"十三五"光伏扶贫发展规划》《通渭县光伏扶贫工程实施意见》《通渭县光伏扶贫实施方案》《通渭县光伏扶贫项目管理办法》《通渭县村级光伏电站收益分配管理办法》《通渭县榜罗光伏产业园项目竞争性配置办法实施细则》等一系列规范性文件，进一步明确了光伏扶贫工程的目标任务、管理办法、推进措施和组织保障，形成了推进光伏扶贫产业发展的良好机制。

2. 坚持因地制宜，推行"三种方式"抓建设

根据不同的扶贫带动模式、光照资源分布、光伏电站建设条件以及电网接入条件，采用户用分布式、村级电站、集中式电站三种方式进行扶贫。一是实施户用分布式光伏发电项目。重点选择无劳动能力、无经济来源、无致富产业的建档立卡贫困户进行建设。2015年11月在甘肃省率先完成200户分布式光伏扶贫项目并网发电。2016年以来，依托全县易地扶贫搬迁项目，围绕解决搬迁人口后续产业发展问题，实施户用分布式光伏电站607户1821千瓦，目前807户已全部建成并网。二是实施村级光伏电站项目。全县共规划建设村级光伏扶贫电站总装机容量9万千瓦，总投资6.3亿元，覆盖全县198个贫困村，每

个村级电站装机容量 450 千瓦左右，共扶持带动 1.8 万户建档立卡贫困户实现增收。其中通过县内单村、联村共建和单立柱、"桁架 + 大棚"等模式，于 2017 年 6 月建成 94 个 4 万千瓦。2018 年，通过县内"飞地"联村共建和"桁架 + 大棚"的模式共实施 5 万千瓦，目前正在分批加快建设，争取全部建成并网。三是实施集中式光伏电站项目。2015 年以来，在全县光照充足、地形有利、产业较好的榜罗镇规划建设总投资 6 亿元 7 万千瓦的集中式光伏扶贫产业示范园项目，项目采用农光互补一体化的模式建设，现已全部建成并网。

3. 突出效益发挥，采取"三种模式"助力脱贫

积极探索光伏扶贫融资、用地模式和收益分配，确保项目顺利实施、最大限度发挥扶贫效益。一是探索多元化融资模式。户用分布式光伏电站：每户 3 千瓦，其中 2015 年率先试点实施的 200 户户用分布式光伏电站以省级补助、风电企业援建和农户自筹的方式筹资建设；2016 年实施的 26 户户用分布式光伏电站以省级补助、县级整合和农户自筹的方式筹资建设，依托易地扶贫搬迁项目养殖圈舍配套建设的 541 户户用分布式光伏电站，资金全部为易地扶贫搬迁项目中长期贷款；2017 年实施的 40 户户用分布式光伏电站以县级财政整合和农户自筹的方式筹资建设。村级光伏电站：按照每户 5 千瓦对应规模进行建设，其中已建成的 4 万千瓦按省级补助资金 50%、银行贷款资金 50% 进行筹资。2018 年实施的 5 万千瓦，按照新印发的光伏扶贫管理办法，光伏扶贫电站不得负债建设，主要通过省级补助、县级整合、东西部协作等多渠道筹资建设。集中式光伏电站：加大招商引资力度，协调引进资金实力雄厚的大型企业投资建设，试点采用商业化投资企业独资建设的模式。二是探索集约化用地模式。结合通渭县土地资源和农业产业化区域分布，按照高效、集约的原则，实现土地利用效益的最大化。户用分布

式光伏电站主要依托贫困户屋顶、马铃薯储藏窖、养殖圈舍等设施和庄前屋后闲散地进行建设。村级光伏电站主要依托农业大棚、养殖圈舍、林下养殖场、育苗基地等，采取农光、畜光和林光互补模式进行建设，大力推广"光伏＋桁架""光伏＋桁架＋大棚"的建设模式，特别是通过"飞地"联村共建的模式建设中小型村级光伏农场，打造光伏农业综合高效示范区。集中式光伏电站全部采用单立柱农光一体化建设模式，充分利用光伏板下土地，大力发展中药材、花卉等经济作物种植和尼雅黑鸡等特色养殖，最大限度地提高土地资源利用率。三是探索差别化收益分配模式。户用分布式光伏电站产权和收益全部归贫困户所有，年均收益3000元左右，可持续收益20年以上。目前已建成并网的200户，累计发电140.14万千瓦时，实现电费收益107.45万元。村级光伏电站的产权归村集体所有，发电收

图6－2　通渭县畜光互补大棚

益形成村集体经济，平均每个电站年发电总收益约为40万元左右，其中8.8万元用于偿还部分贷款及支付运维费用，4.2万元用于扶持老弱病残无劳动能力的建档立卡贫困户3320人；10万元用于扶持完全劳动能力从事公益性岗位的建档立卡贫困户3596人；6万元用于扶持部分劳动能力从事公益性岗位的建档立卡贫困户11084人；剩余收益约11万元主要用于村级公益事业、基础设施建设和特色产业发展等。集中式光伏电站资产归商业化的投资企业所有，建成后具有良好的经济、扶贫效益。经济效益：25年内企业年均实现发电量8400万千瓦时、年产值6300万元。扶贫效益：按照每1万千瓦带动400户贫困户的标准，滚动带动贫困户2800户，每户年收益3000元；土地流转每亩收益700元，受益农户310户，流转25年，可实现流转收入5200万元，户均收入16.8万元；通过清洗光伏板、场区种植等务工方式，吸纳贫困户实现年就业200人（次），年人均增收6000元。

4. 注重工程质量，贯穿"六位一体"全过程

为确保工程质量，实施了"六位一体"的精细化管理。一是精细化项目选址。结合各乡镇实际，统筹光照资源、地形地质、气候条件、电网接入条件、土地性质等因素，优化电站选址，打好光伏电站质量基础。二是标准化项目设计。通过探索多种模式，从普通地面电站、农光互补、畜光互补、单立柱到露天桁架、"桁架＋大棚"的模式，根据不同的建设需求，采用多样化高标准的设计标准。三是规范化项目施工。实行严格的招标程序，提高企业准入门槛，优选具有实力的光伏建设企业和专业的施工监理，并专门成立了通渭县能源建设投资公司，与政府部门共同做好项目施工建设管理。四是专业化项目验收。委托专业化第三方检测机构中国船级社，对全县已建成并网的光伏电站从项目资料、发电能力评价、施工质量、关键设备质

量、安全性能、运维能力六个方面进行了专业的检测验收，把好项目接收关。五是系统化项目运维。通过公开招投标形式，引进了专业的光伏运营维护管理公司，组建了以县光伏扶贫领导小组、县发改局、县城投公司、运维公司、各乡镇分管负责人、电站所在村村级管护员为主体的各层级协同合作的运维管理体系，规范了电站运维管理奖惩制度，全力确保最大发电量，提高发电收益。六是兜底化项目保险。为防范重大自然灾害和不可预见因素对电站财产的影响，给贫困户稳定收益带来损失，研究对所有村级光伏电站购买财产安全保险，为电站收益提供兜底保障。通过"六位一体"全过程管理，尽最大努力确保光伏电站长期稳定安全运行，发挥最大扶贫效益。

（四）　通渭县新能源扶贫的成效

1. 增加农民收入，带动贫困户实现脱贫

通渭县根据全县扶贫对象数量、分布及光伏发电建设条件，采用户用分布式光伏电站、村级光伏电站、集中式光伏电站等多种模式进行建设。户用分布式光伏电站重点选择无劳动能力、无经济来源、无致富产业的建档立卡贫困户，结合易地扶贫搬迁工程进行建设，户用分布式光伏电站产权和收益全部归贫困户所有，年均收益3000元左右，可持续收益20年以上。村级光伏电站在全县155个建档立卡贫困村实施，村级光伏电站的产权归村集体所有，收益按贫困户与村集体3∶2进行分配，对贫困户实行分期滚动帮扶，每期3年，户均年收入3000元左右。集中式光伏电站主要在全县光照充足、地形有利、产业较好的区域进行开发建设，集中式光伏电站项目资产归投资企业所有，每开发10兆瓦带动100户贫困户，每户每年帮扶3000元，扶持20年，实行分期滚动帮扶。

> **专　栏　3**
>
> 　　户主张云轩，家住通渭县常家河镇胜义村，家庭6口人，家庭成员包括父亲、妻子、两个女儿一个儿子。
>
> 　　扶贫前贫困状况：因病、因学致贫，家中老父亲张汉雄常年卧病在床，户主既要照顾老人又要陪读，不能出门务工，以务农为主，经济收入低，供3个孩子上学负担重。
>
> 　　扶贫措施：输转张云轩到常河镇福兴德合作社务工，聘任妻子杨改苗为村级公益性岗位人员，公益性岗位收入来源于光伏发电扶贫形成的村集体经济。大女儿现年22岁就读于西北师范大学知行学院税收学专业（大二），享受生源地助学贷款8000元/学年；次女张晓行，现年21岁就读于甘肃卫生职业学院口腔学专业（大二），享受雨露计划4500元，省内高职免学费和书本费5000元。儿子张凯，现年18岁，就读于通渭县第二中学（高二住校），免除学杂费840元，都享受了国家教育扶贫政策。
>
> 　　扶贫效果：通过帮扶，张云轩和妻子都实现了就地就近务工，收入得到了增加，孩子享受教育扶贫政策后支出大大减少。张云轩在福兴德合作社学带班员，月薪3900元左右。其妻子杨改苗为村级公益性岗位人员，年薪6000元，并在福兴德合作社帮工，每月平均上工10天，日薪80元。同时家中有耕地8亩，其中种植马铃薯1.5亩，冬小麦3亩，金银花0.5亩，玉米2.5亩，豌豆1亩。2019年人均可支配收入1.3万元左右。张云轩一家通过教育扶贫、扶贫专岗，生活得到了很大的改善，实现了稳定脱贫。

2. 增强村集体经济发展内生动力，全方位壮大村集体经济

通渭县积极探索村级集体经济发展模式和运行机制，多模式、多渠道、多层次壮大村集体经济，不断增强村级集体经济发展内生动力。全县 332 个村已实现村集体经济收益破零，并呈现逐步稳定增长趋势。

第一，充分利用中央和省级扶持壮大村级集体经济资金，抓好抓实集中统建的村级光伏电站项目建设，确保项目资金使用方向、渠道安全，并保障贫困村集体实现稳定收入。第二，采取"整体工作党委政府推动、产业发展公司化运作、组织生产专业合作社实施、村集体和贫困群众入社入股分红"的运作模式，实行标准化生产、规范化经营，产品统一收购、统一销售，形成"党组织＋企业＋合作社＋贫困户"的产业发展平台和组织体系，实现每个"空壳村"均有稳定可持续的集体经济收入来源。第三，通过村集体资源、资产、资金、技术入股及联合等方式，实施村集体经济发展项目，有效发展壮大村级集体经济；通过组织清产核资，摸清资产存量、结构和使用效益，分类盘活用好经营性资产，开发利用闲置或低效使用的土地、山场、荒地及房屋、铺面等各类集体资产资源，充分挖掘资产经济潜力，增加村级集体经济收入。

3. 拓展集约化用地模式，提高土地利用效益

通渭县结合全县土地资源和农业产业化区域分布，按照高效、集约的原则，实现土地利用效益的最大化。户用分布式光伏电站主要依托贫困户屋顶、马铃薯储藏窖、养殖圈舍等设施和庄前屋后闲散地进行建设。村级光伏电站主要依托农业大棚、养殖圈舍、林下养殖场、育苗基地等进行建设。集中式光伏电站建成后充分利用光伏板下面的土地，大力发展中药材、花卉等经济作物种植和尼雅黑鸡等特色养殖，最大限度地提高土地资源利用率，形成了农光一体化发展模式，实现土地利用效益的最大化。

（五）通渭县新能源扶贫的经验

通渭县 2014 年被列为全国光伏扶贫试点县，2016 年被列为全国 471 个重点光伏扶贫县之一，在定点帮扶单位国家能源局的大力支持下，全县抢抓国家光伏扶贫政策机遇，结合全县贫困村和地形资源分布，采取农光互补、畜光互补和林光互补等模式因地制宜地推进光伏工程建设，有效增加了村集体和贫困户的收入，创新实践了"三变"改革运行模式，为全县农村"三变"改革奠定了坚实基础。

1. 定位明确，工作举措精准，形成产业扶贫合力

立足丰富的光热资源优势，将畜草、玉米、新能源产业作为"三大主导产业"来培育，提出创建全国新能源精准扶贫示范基地的目标。2016 年编制完成了《通渭县"十三五"光伏扶贫发展规划》，制定了《通渭县光伏扶贫工程实施意见》和《通渭县光伏扶贫项目管理办法》等制度文件，按照"33331"①的发展思路，到 2020 年，村级光伏电站覆盖全县 18 个乡镇的 155 个贫困村，总装机容量 40 兆瓦，带动贫困户 8000 户，建设户用分布式光伏电站 2000 户，努力打造全国新能源精准扶贫的示范县。2017 年被定西市确定为农村"三变"改革整县推进县之一，结合县情实际，研究制定了《通渭县农村"三变"改革试点工作实施方案》，明确了将光伏扶贫工程建设作为开展"三变"改革的主要突破口，坚持先行先试的原则，依托村级光伏

---

① 即实施户用分布式光伏电站、村级光伏电站和集中式光伏电站共同推进的光伏扶贫发展格局，精心打造西部、北部、南部三大光伏扶贫示范片区，积极探索农光互补、畜光互补、林光互补的扶贫开发新模式，力争光伏装机容量达到 30 万千瓦以上，实现 1 万户农户从中受益。

电站建设，大力开发村集体自然资源和利用经营性资产，为农村"三变"改革创造有利条件。

图6-3 通渭县农光互补项目

2. 立体建设，集约利用资源，挖掘资源变资产潜力

光伏电站建设依托全县光照充足、地形有利、产业较好的区域建设，建成后充分利用光伏板下面的土地，通过农光互补、畜光互补、林光互补的模式，依托农户屋顶、马铃薯储藏窖、养殖圈、农业大棚、养殖圈舍、林下养殖场、育苗基地等载体安装光伏组件，实现土地利用效益的最大化。同时，大力发展经济作物种植和特色养殖，加快推动光伏与农业、畜牧和林业融合发展。一方面提高了土地综合效益，另一方面可节约用地

成本，有效盘活了资源要素，提高了资源综合利用效益，将资源转变为可持续增收的资产。2015 年年底在全省率先完成了 200 户分布式光伏扶贫项目并网发电，涉及平襄镇温泉、马营镇油坊和华川、寺子乡郑阳 4 个村，并结合贫困村、户实际，积极探索创新，充分利用贫困户屋顶、庄前屋后、设施农业大棚、养殖大棚、荒山荒坡、道路两旁、文化广场等载体，通过"一户一站""多户一站"的方式发展户用分布式光伏项目。在建设模式、运作机制、资金筹措上积累了一定的经验，为全县后期发展光伏扶贫工程奠定了扎实基础。

3. 完善收益分配机制，放大资金变股金效益

在全县分三类实施光伏产业帮扶，光伏扶贫项目全部采取"全额上网模式"。电价补贴标准依据国家光伏电价政策调整情况、项目备案和并网时限，按照甘肃省二类地区光伏发电标杆上网电价收购，与县供电公司签订购售合同，发电量收益按照确定的标杆上网电价结算，收益直接打入农户"一折统"上，让农户在家享受到"阳光"红利。针对无集体经济收入或集体经济薄弱、资源缺乏的贫困村，每村建设一个 300—400 千瓦村级光伏电站，村级光伏电站建设资金采取政府投资和中长期贷款等渠道解决，按照县级整合涉农扶贫资金和专项贷款 1∶3 的出资比例投资建设，金融部门在贷款额度、利率、还款方式等方面给予政策优惠，项目建成后产权归村集体所有，收益按户村 3∶2 分配，40% 用于偿还贷款，60% 用于村集体经济发展和通过设置公益岗位、开展公益事业、设立奖补资金等形式带动贫困户发展，有效破解村集体"零收入"难题。目前，全县已经完成村级电站建设 47 个，累计发电 570.9 万千瓦时，累计实现电费收益 502.4 万元，1855 户贫困户已纳入光伏扶贫享受范围。针对劳动力欠缺、资源匮乏、无稳定收入来源的建档立卡贫困户，支持建设户均 3 千瓦屋顶分布式光伏电站，户用分布

式光伏电站产权和收益全部归贫困户所有，年均收益3000元左右，2015年年底率先建成并网200户，2016年依托易地扶贫搬迁项目建设567套，目前已全部建成，正在逐个并网。在榜罗镇、马营镇和寺子乡等乡镇打造3个集设施农业种植、农耕体验和生态观光功能于一体的立体光伏农业示范园，大力推进光伏在农业领域的深度融合，项目资产归投资企业所有，每10兆瓦带动400户贫困户，每户年均3000元，扶持20年，实行滚动帮扶。目前，榜罗镇2万千瓦光伏项目已于2016年建成。

4. 创新合作模式，推进农民变股东进程

推动光伏电站项目在占用土地发展的基础上，采取农光互补、畜光互补、林光互补等多种模式增加村集体和贫困户收入，或者村委会采取以租赁方式出租给龙头企业、专业合作社经营，租金归村集体所有的方法增加村集体和贫困户收入，打造切合通渭实际的农光、畜光、林光互补"三变"模式，引入了一批经济实力强大、经营效益良好的"三变"承接主体。通过"村集体+龙头企业（合作社）+农户"的方式，实现农民、村集体、企业三方共赢，农民入股就能生产产品，产品无须销售就可变成商品，让贫困户拥有光伏发电"绿色银行"，享有持续收益。平襄镇中和村采用"村委会+合作社+农户"运行机制和采用"棚顶光伏发电、棚下畜牧养殖"和"光伏+农业种植"的建设模式，建设村级光伏电站1处，项目总装机容量240.03千瓦，总投资192.02万元，其中财政投资96.01万元，国家开发银行贷款96.01万元。在项目运行过程中，对政府投入的扶持资金，按照"量化到村、股份合作、入股分红、滚动发展"的方式，形成的资产归中和村集体所有，由合作社统一经营，村级电站收益按照贫困户与村集体3∶2的比例进行分配，以贫困户每年不低于3000元的收入标准，辐射滚动带动48户建档立卡贫困户。

5. 整合资源，破解资金难题，助推"光伏＋"三变模式持续发展

随着大规模电站的投资建设，受县级财政配套困难、上级资金争取有限、贷款条件苛刻等影响，光伏扶贫融资成为制约当前光伏扶贫进展的最大问题。通渭县通过整合涉农资金、争取社会帮扶资金和省预算内扶贫专项资金等渠道积极筹措资金，2017年，共筹措财政性资金5068万元，其中2017年整合两批扶贫性涉农资金2878万元，福清市帮扶资金300万元，组织部申请党费壮大村集体收入资金390万元，甘肃省财政厅争取专项扶持资金1500万元，保障了光伏扶贫工程的发展。同时，在管理上实行社会化运营维护模式，组织成立了县光伏扶贫运营维护管理办公室，每个项目所在地乡镇和村组确定1—2名技术维护管理人员，形成了县、乡、村三级网络管理服务体系，并吸取建设经验教训，加大工程质量监督力度，引入了第三方监理单位对项目进行全过程跟踪监督管理，确保了项目工程质量。

七　安定区养殖业精准扶贫案例

作为定西市委、市政府所在地，安定区社会经济发展水平等相对优于定西市其他县区。但受恶劣的气候条件和落后的产业发展水平制约，当地的经济发展水平不高，养殖业是农户维持生计的重要产业。该地区有天然草场 120 万亩，年均人工种草面积 85 万亩，牧草主要以紫花苜蓿、红豆草为主，农作物以玉米、高粱、小麦、马铃薯及豆类为主，农副产品及饲草料资源相当丰富，牛羊养殖具有得天独厚的条件。

（一）安定区精准扶贫的基本情况

定西市安定区位于甘肃省中部，属六盘山连片特困地区，是全国 592 个国家扶贫开发工作重点县区之一。全区总面积 4225 平方千米，辖 12 镇、7 乡和 3 个街道办事处，常住人口 43.05 万人，其中非农业人口 8.82 万人，农业人口 34.23 万人，2013 年建档立卡时，安定区共有贫困人口 10.43 万人，贫困面为 28.72%，扶贫对象年人均纯收入仅 2370 元，扶贫基数相当大，脱贫攻坚任务艰巨。

安定区虽是黄河文明的发祥地之一，古"丝绸之路"重镇，素有"甘肃咽喉、兰州门户"之称，但其恶劣的气候条件以及落后的产业发展水平，使得当地的经济发展长期受到严重制约，必然需要精准扶贫政策的全面覆盖。安定区于 2014 年开始全面实施产业精准扶贫，由于其特殊的自然地理环境，使得养殖业扶贫成为当地产业扶贫的首选方式，近几年安定区不断深入研究和探索适合本地的养殖业扶贫政策和扶贫模式，取得了较丰硕的成果，2014—2018 年，全区退出贫困村 29 个、减贫 2.04万户 8.08 万人，2018 年年底，安定区贫困人口为 3.16 万人，贫困发生率由 2013 年的 28.72% 下降到 9.15%，人民生活水平显著提高。

（二）安定区养殖业精准扶贫的模式

1. 香泉镇农民专业合作社带动增收模式

香泉镇位于定西市安定区西南部，是全市唯一的少数民族乡镇。全镇流域面积 144.4 平方千米，总耕地面积 12 万亩，具有丰富的地下水资源和肥沃的土壤，适宜发展草牧产业及养殖业，当地扶贫主要以养殖业扶贫为主，精准扶贫政策实施以来，香泉镇养殖业每年以 10% 的速度发展，成为当地经济增长、农民增收的主导产业。

农民专业合作社是以农村家庭承包经营为基础，通过农产品的销售、加工、运输、贮藏以及与农业生产经营有关的技术、信息等服务，以实现成员互助目的的组织，具有经济互助性和一定的组织架构，合作社成员享有一定权利，同时负有一定责任。养殖专业合作社是农民从事养猪、养鸡、养牛、养兔、养鸭等陆生动物的专业合作社。安定区香泉镇在养殖业扶贫中有效利用国家扶贫专项资金，积极采用"村委会＋合作社＋贫困户"的经营模式，遵循"绿色种植、规模养殖、综合利用"的现代农业发展准则，使养殖业精准扶贫的成果实实在在惠及到了镇上每一户贫困户。

截至 2019 年年底，香泉镇牛羊养殖农民专业合作社有会员251 户，其中 148 户是建档立卡户，在发展过程中积极推行"村委会＋合作社＋贫困户"运营模式，通过免费发放草籽、良种更换、投母还犊、保价收购等多种方式带动1500多户贫困户增收。合作社倡导全员种草，每年为社员发放牛羊所需饲草种子，2019年，购进并向社员发放苜蓿、燕麦和饲用玉米种子5.1吨，种植饲草3000多亩，户均10亩以上，这种全员种草的方式有效保障了合作社社员的牛羊常年有优质的饲草供给。香泉镇牛羊养殖农民专业合作社自成立以来，把为社员提供种源作为加快发展牛羊养殖的基础性事项来抓，采取资产抵押配送、劣质土种置换、投母还犊等方式，先后为当地贫困户投放基础母牛1125头、肉羊8600多只，合作社还引进国内外优质肉牛冻精和种羊为社员提供配种服务，2018年授配母牛1000多头、肉羊2200多只，这种合作社统一供种的方式，有效提高了香泉镇的牛羊良种化水平。

　　除此之外，香泉镇牛羊养殖农民专业合作社针对区域内牛羊良种不足的现象，积极引导社员加快牛羊繁育，培育良种，然后由合作社统一向外供种，育不成良种的犊牛羔羊则由合作社收购集中育肥出售。2018年以来，合作社已累计向区内外供应基础母牛3000多头、肉羊5000余只，集中育肥出栏牛羊8000多头只，这种合作社主导外销的做法有效地保障了社员和合作社的利益，更加提高了社员们工作的积极性。香泉镇牛羊养殖农民专业合作社还做到了在发展过程中不断完善利益链接机制，把带动社员增收作为根本，比如社员有资金困难，合作社就会提前垫资，待社员有收益之后再进行结算；当社员养殖的牛羊出现销售难的问题时，合作社就会采取提前预收的办法来解决此问题。合作社在饲草料种植供应、种源提供、资金周转和产后销售的各个环节均与社员建立了紧密的利益联结机制，这种机制使得社员对合作社的信任度越来越高，与合作社的凝聚力越来越强，有效增强了两者之间的发展合力。随着产业的发展，香泉镇牛羊养殖农民专业合作社不断吸纳技术人员开展技术服务。2019 年常年在合作社开展技术服务的专业技术人员达到 8 名，为有需求的社员开展圈舍设计、饲草料配制、疫病防治、生产管理和市场信息等方面的技术服务，解决了社员肉牛生产过程中的后顾之忧，这种不断强化的技术服务，有效降低了养殖风险。

香泉镇通过建立养殖农民专业合作社，2019 年全镇年肉产量达到 1000 吨以上，实现畜牧业收入 3846 万元，占农户家庭总收入的 54%，全镇人均可支配收入 10560 元，全镇畜牧业形成前山育肥增收入，后山繁育增数量，家家户户种草养牛羊的良好发展格局，2019 年该合作社被评为省级示范合作社，年底，香泉镇整体实现贫困摘帽，人民生活奔向了小康。

专　栏　4

户主刘文岐，家住安定区香泉镇后湾村，家有 5 口人，母亲、妻子、两个上学的女儿。

扶贫前贫困状况：母亲常年患病瘫痪在床，因病欠债 10 万多元，经济来源主要依靠种植马铃薯、玉米和养殖两头老品种秦川牛，年人均收入 2500 元。

帮扶措施：大力发展良种养牛和养猪业，2016 年通过帮扶获得 5 万元的扶贫贷款，购买了 3 头西门塔尔基础母牛、1 头能繁母猪开始发展养殖业；参加养殖技能培训掌握养殖技术；养殖扩大后又通过施永青农发基金项目的帮扶，新修 240 平方米的牛舍。

帮扶成效：2018 年之前购买的能繁母猪一次产下了 10 头猪仔，同年 5 月又筹资购买 4 头能繁母猪、1 头种公猪和 28 头公猪仔进行育肥饲养、5 头母牛相继产下牛犊，规模一下子扩大到 11 头。年底出售 7 头牛犊和 36 头生猪，收入近

13 万元，农业净收入 3.9 万元，家庭人均纯收入达到 7800 多元。2019 年，养了 12 头牛、12 只猪仔、7 头能繁母猪，年收入达到了 10 万元，盖了一院新房子，家庭生活水平明显提升，产业发展良好，实现了稳定脱贫。

2. 宁远镇企业帮扶贫困户助推精准扶贫模式

宁远镇位于安定区东南部 35 千米处，312 线、310 线穿境而过，交通比较便利，自古以来有良好的种养殖传统。全镇共辖 14 个行政村，124 个村民小组，2017 年总人口为 16766 人，总面积 193.25 平方千米。2013 年人均产粮 670 公斤，人均纯收入仅为 3089 元，2014 年精准扶贫政策实施以来，宁远镇坚守本镇良好的养殖传统，不断探索养殖业扶贫模式与方法，力求紧跟国家发展步伐，2019 年年底，全镇贫困户达到脱贫标准，实现了整体脱贫。

与香泉镇类似，宁远镇也发展了养殖农民专业合作社助力贫困户脱贫增收，并且取得了较好的成果，为有效落实精准扶贫措施，加快贫困户脱贫致富的步伐，在以前扶贫的基础之上，宁远镇于 2015 年根据自身条件，尝试探索适用于本镇的养殖业扶贫致富道路，该镇以村为单位，组织实施了基础母羊发放活动，为全镇 796 户精准扶贫户发放 3100 多只致富羊，并且对贫困户就运输安全、养殖安全和以良种、良料、良舍、良法、良医为主要内容的"五良"进行培训，引导群众科学饲养，拓宽增收致富路，对今后该镇畜牧产业的发展起到很大的推动作用。

2015 年宁远镇的养殖业扶贫工作进展顺利并且取得了一定成果，但这种投放到户散养的模式容易受市场价格波动的影响，养殖的规模较小，贫困户受益也较小，因此，2016 年，宁远镇总结前两年的养殖业扶贫经验，不断创新扶贫方式，探索出了企业帮扶贫困户搞养殖助推精准扶贫的新方式。这种新方式通过积极引导企业履行社会责任，与贫困村主动对接，根据贫困户的发展需求，按照"龙头企业＋贫困村＋贫困户"的帮扶模式，采取量化入股、劳务用工、投仔育肥、散养统收、饲料赊购等具体措施开展宁远镇养殖业精准扶贫帮扶活动。例如，2016年6月该镇充分发挥定西西泰养殖有限公司的养殖优势，引导公司以每头仔猪低于市场价200元向贫困户赊销投放，由农户饲养管理仔猪，镇上统一组织养殖技术培训并开展防疫措施，每头仔猪育肥达到300斤左右时，企业再按照每头仔猪高于市场价1元/斤的标准收购。这种低价赊销和高价回收的方式，有效带动贫困户转变了传统的生产经营方式，让贫困户得到了实惠，为贫困群众增收致富，实现精准脱贫创出了新的路子。

2018年，宁远镇这种"龙头企业＋贫困村＋贫困户"的养殖业精准扶贫模式成长到了成熟阶段，吸引了更多企业的参与，例如，金川公司在宁远镇5个贫困村累计投入607.98万元，建成标准化暖棚656间，投放基础母羊4302只、种公羊190只；发展规模养殖户623户，培育了养殖示范户52户，带动全镇的贫困户发展养殖业增加收入。鸿运集团投资50万元为宁远镇贫困户修建圈舍，帮助贷款30万元，投放基础母牛25头，了解到当地的困难后，又投资30万元为缺乏电力而无法正常加工饲草料的贫困户接通电力。近几年，宁远镇经过不断尝试与努力，通过调整产业结构，动员贫困户积极发展养殖产业，不但帮助贫困群众树立了脱贫致富的信心，而且实实在在地增加了贫困农民的产业收入，到2017年年底，宁远镇贫困面下降了14.63%，2018年年底，又下降了10.65%，2019年年底，宁远镇贫困面仅为6.64%，全镇扶贫工作取得了明显的成效。

3. 内官营镇"企业＋合作社＋贫困户"养殖模式

内官营镇位于定西市安定区西南部，交通便利，光热资源丰富，主要以蔬菜种植业和养殖业为主，2014 年内官营镇积极响应国家精准扶贫政策，以"精准到户，发展养殖"为理念，开始走上增收致富的道路。

内官营镇结合了香泉镇和宁远镇的养殖业扶贫做法及经验，根据本镇自身的优势及特点，发展出一套养殖扶贫的综合体系，完美地将合作社和龙头企业结合了起来，解除了贫困户的后顾之忧，让他们放心大胆地搞养殖，这种科学的经营方式，使带动发展起来的贫困户放心地养起了"订单猪"，走上了脱贫路。例如位于内官营镇先锋村的甘肃西泰食品工业有限公司主要从事生猪屠宰、加工配送、批发、零售等，为了回馈内官营镇的广大人民，该公司充分发挥龙头企业在本区域的优势，积极响应政府脱贫攻坚的工作号召，主动承担了宝石村部分贫困户的脱贫攻坚任务。2018 年 6 月份，该公司与宝石村达成帮扶协议，建立起结对帮扶关系，形成了"合作社 + 龙头企业 + 贫困村 + 贫困户"的精准扶贫助推模式，为每户贫困户发放良种猪仔 5 头，共计发放良种猪仔 300 头，带动贫困户 60 户，由合作社按照"统一供仔、统一防疫、统一饲养、统一供料、统一回收"的原则先行饲养，仔猪和饲料由企业统一提供，待企业回收时，扣除每头 500 元成本，成活率按 92% 计算，每头猪饲养周期为 10 个月，体重达到 300 公斤。扣除良种猪仔成本、合作社提取公积金和饲养的全部费用，每头猪纯利润达 5400 元，户均增收 10340 元，宝石村的贫困户年收入达到了 5 万—6 万元。

2018 年通过"合作社 + 龙头企业 + 贫困村 + 贫困户"这种养殖业扶贫模式，内官营镇总共向 300 多户贫困户低价投放良种仔猪 670 余头，帮建标准化圈舍 5 座，这种结对帮扶的方式，带动农户转变了传统的生产经营方式，极大地加快了贫困群众增收致富的步伐。

4. 符家川镇生态循环扶贫模式

符家川镇位于安定区西部三县交界地带，东邻临洮县、西接榆中县，镇上农户主要以种植业和养殖业为生，2014年精准扶贫政策实施以来，符家川镇把畜草产业和养殖业作为精准扶贫的主导产业来抓，按照"以草兴畜、以畜促草、改圈促养、养畜富民"的思路，坚持走"种草—养畜—沼气—肥田—增收"的生态循环经济模式，全镇养殖业得到长足发展。

2000年以来符家川镇退耕还林10041亩，多年生牧草种植面积连年增加，种植以紫花苜蓿和红豆草为主的优质牧草9000多亩，户均有牧草3亩以上。2014年，全镇在大力实施精准扶贫政策的同时加强封山禁牧、抚育管护和生态修复，在促进传统养殖方式转变的同时为养殖业精准扶贫的开展打牢饲草料基础。群众观念也从放养向舍饲养殖、从粗放式养殖向精细化科学化养殖转变，形成了"走退耕路、念畜草经、发圈养财"的"草多—畜多—肥多—粮多—钱多"生态循环经济模式。

2015年符家川镇在国家精准扶贫专项资金的支持下大力实施项目带动养殖规模扩张的措施，全镇不断调整养殖结构，大力发展以肉牛羊为主的草食畜，逐步形成了符合全镇实际的以草食畜为主的畜牧业结构，并且在红庄村、高阳村、秦家岔村等贫困村建成了草畜转化示范点，在示范点实施建设标准化圈舍、配套沼气池和小型铡草机、引进秦川黄牛等措施。通过这几年的示范带动，符家川镇的畜草产业形成了"小群体、大规模"的发展态势，截至2019年年底，全镇已有规模养殖户967户，共建标准化圈舍4963间，牛存栏6217头，羊存栏7250只，畜草产业人均纯收入达到3562元。符家川镇在扩大养殖业规模的同时注重科学养殖和多元化养殖，2018年，该镇按照"三链"建设的总体思路，成立了符家川镇养殖协会，红庄村、高阳村、秦家岔村三个示范村成立了村级养殖协会，红庄村、兰星村建立了优质肉牛羊冻配点，狠抓技术培训、良种引进、市场销售，形成了"产业依托协会发展、协会依托产业提升"的格局。

自 2014 年符家川镇大力发展养殖业扶贫以来，全镇畜草产业走上了"品种良、标准高、效益好"的新路子，形成了"种草—养畜—沼气—肥田—增收"的良性循环绿色农业生态琏，使得畜草产业和养殖业成为当地农民脱贫增收的致富产业。在这种模式之下，符家川镇的贫困面由 2013 年建档立卡时的 39.57% 降低为 2019 年的 11.06%，脱贫成效非常显著，当地贫困农户对未来的日子充满了信心，全镇人民斗志昂扬地向着小康前进。

（三）安定区养殖业精准扶贫的成效

在国家精准扶贫政策与专项资金的大力支持下，安定区发展养殖业助推精准脱贫取得了良好成效。2015 年安定区初步探索出了依托标准化养殖场、农民专业合作社和养殖龙头企业建设发展养殖业的精准扶贫模式，年底实现了 1 个贫困乡镇、10 个重点贫困村整体脱贫，贫困人口减少了 2.12 万人，贫困面下降了 5.8 个百分点。2016 年年底，安定全区畜禽饲养量达 460.56 万头/只，出栏量达 216.71 万头/只，累计建成以肉羊养殖为主的养殖专业村 78 个，建成规模化养殖场 450 个，注册养殖专业合作社 280 多个，认定家庭农场 362 个，通过招商引资引进资力雄厚的禽养殖加工龙头企业累计达 32 家，有效地增加了贫困农民的经济收入，贫困面降低 8 个百分点，养殖业精准扶贫初见成效。

2017 年安定区的精准扶贫专项资金相比于两年前有了极大幅度提升，养殖业精准扶贫进入迅速发展阶段，在已有模式的基础上，安定区根据地区特色和产业基础，进一步探索出了养殖大户带动贫困户脱贫的新方法，从而解决了贫困户发展养殖业资金不足的困难。2017 年年底，安定区全区共扶持引进各类农业龙头企业 49 家，培育种养大户 5209 户、家庭农场 236 家、农民专业合作社 1375 个，全区 423 个市场主体与 1.66 万户贫困户建立了帮带关系，贫困面下降到 16.36%。当年，安定区在省级市县党委和政府扶贫开发工作成效考核中被评为综合评价好的县区。

2018 年和 2019 年是安定区养殖业精准扶贫稳步成熟发展的两年，也是全区扶贫攻坚的决胜年，这两年国家总共向安定区发放 6 批财政专项精准扶贫资金，资金范围主要涉及牛、羊、猪、鸡的养殖，养畜暖棚（圈舍）的建设，还有与养殖业相关的其他支出（见表 7-1）。除国家财政专项精准扶贫资金之外，在这扶贫攻坚最关键的两年，安定区还获得了东西部扶贫协作市级财政帮扶资金以及各金融机构融资用于发展养殖业扶贫。

表 7-1　　　　　　安定区国家财政养殖业精准扶贫资金　　　　　单位：万元

年份	养牛	养羊	养猪	养鸡	养畜暖棚（圈舍）	养殖业其他资金
2018 年	2725.34	1385.74	755.6	1075.36	305.51	1312.04
2019 年	3661.15	2510.68	764.35	1064.96	402.62	1683.63

资料来源：定西市扶贫办官网。

在这些扶贫资金的大力支持与区政府、定西市扶贫办的统筹规划下，安定区确定了 2018 年、2019 年各乡镇养殖业扶贫资金及对应项目（见表 7-2、表 7-3）。

表 7-2　　　　　　2018 年安定区国家养殖扶贫资金及项目

乡、镇名	养殖项目
称钩驿镇	养羊 186 户 184.8 万元，养牛＋羊 221 户 198.9 万元，养猪 7 户 4.2 万元
凤翔镇	养羊 270 户 216 万元，养牛＋羊 215 户 233.5 万元，养猪 13 户 7.8 万元

续表

乡、镇名	养殖项目
符家川镇	养羊 269 户 255.2 万元，养牛＋羊 286 户 257.4 万元，养猪 11 户 6.6 万元
高峰乡	养羊 109 户 107.2 万元，养牛＋羊 84 户 75.6 万元
葛家岔镇	养羊 110 户 88 万元，养牛＋羊 177 户 189.3 万元，养猪 3 户 1.8 万元
李家堡镇	养羊 288 户 240.4 万元，养牛＋羊 592 户 546.8 万元，养猪 15 户 9 万元
鲁家沟镇	养羊 158 户 136.4 万元，养牛＋羊 88 户 117.2 万元，养猪 10 户 6 万元
内官营镇	养羊 649 户 599.2 万元，养牛＋羊 212 户 190.8 万元，养猪 46 户 27.6 万元
宁远镇	养羊 121 户 96.8 万元，养牛＋羊 408 户 397.2 万元，养猪 13 户 7.8 万元
青岚山乡	养羊 334 户 297.2 万元，养牛＋羊 440 户 396 万元，养猪 13 户 7.8 万元
石泉乡	养羊 346 户 276.8 万元，养牛＋羊 265 户 278.5 万元，养猪 17 户 10.2 万元
石峡湾乡	养羊 158 户 166.4 万元，养牛＋羊 34 户 30.6 万元，养猪 1 户 0.6 万元
团结镇	养羊 77 户 61.6 万元，养牛＋羊 95 户 105.5 万元，养猪 2 户 1.2 万元
西巩驿镇	养羊 326 户 260.8 万元，养牛＋羊 248 户 263.2 万元，养猪 16 户 9.6 万元
香泉镇	养羊 150 户 120 万元，养牛＋羊 118 户 136.2 万元，养猪 11 户 6.6 万元
新集乡	养羊 257 户 225.6 万元，养牛＋羊 166 户 149.4 万元，养猪 4 户 2.4 万元
杏园乡	养羊 19 户 15.2 万元，养牛＋羊 149 户 154.1 万元，养猪 2 户 1.2 万元。

资料来源：定西市扶贫办官网。

　　这两年，定西市安定区紧盯全面脱贫的目标，牢牢把握养殖业扶贫的难点与关键点，通过养殖业扶贫"造血工程"不断提升区内贫困人口的自我发展能力，激发贫困群众的积极性和主动性，以养殖业扶贫带动养殖业发展，推动养殖业兴旺，带动贫困群众"脱贫摘帽"。2018 年，安定全区 1.18 万贫困人口和 29 个贫困村成功脱贫，自 2013 年脱贫攻坚战打响到 2018 年年底，全区共减贫 2.04 万户 8.07 万人，贫困发生率由 28.11%下降到 9.15%。2019 年是新中国成立 70 周年，也是全面建成小康社会和实施"十三五"规划的关键之年，安定区在这一年年底实现了整体脱贫摘帽的目标，147 个贫困村退出，1.04 万户 3.07 万人脱贫，当年的贫困户们不但实现了脱贫，而且家家户户掌握了发展养殖业致富的技能，真正实现了脱贫不返贫的愿望，安定区的养殖业精准扶贫取得了圆满成功。

表 7 - 3　　　　　　　2019 年安定区第一批国家养殖业扶贫项目

项目	明细
扶持全区贫困户 1083 户发展牛养殖 1083 头、羊养殖 3249 只，每户 1 头牛、3 只羊	白碌乡 8 户，巉口镇 42 户，称钩驿镇 98 户，凤翔镇 70 户，符家川镇 83 户，高峰乡 15 户，葛家岔镇 34 户，李家堡镇 120 户，鲁家沟镇 18 户，内官营镇 107 户，宁远镇 32 户，青岚山乡 116 户，石泉乡 55 户，石峡湾乡 13 户，团结镇 67 户，西巩驿镇 60 户，香泉镇 71 户，新集乡 24 户，杏园乡 50 户
扶持全区贫困户 112 户发展牛养殖 112 头，每户 1 头牛	巉口镇 3 户，称钩驿镇 17 户，凤翔镇 8 户，符家川镇 1 户，葛家岔镇 2 户，李家堡镇 17 户，鲁家沟镇 1 户，内官营镇 23 户，宁远镇 2 户，青岚山乡 3 户，石泉乡 9 户，团结镇 1 户，西巩驿镇 9 户，香泉镇 16 户
扶持全区贫困户 2762 户发展羊养殖 15082 只	白碌乡 95 户 542 只，巉口镇 279 户 1486 只，称钩驿镇 254 户 1338 只，凤翔镇 176 户 916 只，符家川镇 178 户 1020 只，高峰乡 47 户 274 只，葛家岔镇 103 户 590 只，李家堡镇 116 户 640 只，鲁家沟镇 145 户 844 只，内官营镇 307 户 1638 只，宁远镇 46 户 228 只，青岚山乡 192 户 1052 只，石泉乡 154 户 842 只，石峡湾乡 114 户 652 只，团结镇 58 户 330 只，西巩驿镇 138 户 698 只，香泉镇 189 户 1078 只，新集乡 122 户 646 只，杏园乡 49 户 268 只

续表

项目	明细
扶持全区贫困户 55 户发展猪养殖 302 头	巉口镇 10 户 50 头，称钩驿镇 8 户 42 头，凤翔镇 4 户 22 头，李家堡镇 2 户 12 头，鲁家沟镇 4 户 22 头，内官营镇 5 户 30 头，青岚山乡 4 户 20 头，石泉乡 11 户 64 头，石峡湾乡 1 户 6 头，团结镇 1 户 6 头，西巩驿镇 1 户 4 头，香泉镇 4 户 24 头
通过奖补的方式，扶持全区贫困户 42 户发展鸡养殖	白碌乡 1 户，巉口镇 16 户，称钩驿镇 1 户，凤翔镇 3 户，李家堡镇 1 户，鲁家沟镇 2 户，内官营镇 3 户，青岚山乡 1 户，石泉乡 3 户，香泉镇 6 户，新集乡 4 户，杏园乡 1 户

资料来源：定西市扶贫办官网。

（四）安定区养殖业精准扶贫的经验

1. 精准定位特色养殖产业

精准定位并选择地区特色养殖类型是养殖业扶贫的首要基础，也是安定区养殖业扶贫成功的首要条件。例如，香泉镇以少数民族居多，具有丰富的地下水资源和肥沃的土壤，因此适宜发展草牧产业及牛羊养殖业，宁远镇以玉米、马铃薯、荞麦等作为主要粮食作物，而这些种植物收割后的植物渣滓可以作为猪的好饲料，这不仅能使大部分饲料在户内解决，而且具备来料容易、储存简便、成本低廉等优势，因此，宁远镇的养殖业扶贫主要以仔猪的培育为主。当然，有的地区没有非常明显的养殖业倾向，这就需要结合各地区的产业发展基础和产业发展规划来确定养殖计划，需要就何种养殖类型更占优势、发展条件更为可行、发展前景更加广阔等问题进行分析评估，从而确定出适合本地区发展的养殖类型。

2. 加强乡土性技术传授与精细化日常管理

乡土适用性强的养殖技术能有效地化解养殖风险，提升贫困户养殖信心，因农户不了解自然环境特点、不同牲畜生存特点而在实践中蒙受损失的例子比比皆是，而养殖农民专业合作社和龙头企业的帮扶与带领能有效地化解这一风险，这也是安定区养殖业扶贫能够取得成功的关键因素。养殖农民专业合作社和龙头企业能根据市场定位及养殖方向，形成差异化的养殖技术和方案，并且他们具有的精细化日常管理操作，不仅能督促贫困户精心养殖，也能在了解最新养殖情况的同时及时调整饲养方案，这极大地加速了贫困地区养殖业精准扶贫取得成功的步伐，提升了贫困户的养殖信心。

3. 积极帮助贫困户获得养殖业扶贫贷款

有养殖业但缺乏资金是贫困户参与养殖业扶贫实践所遇到的主要瓶颈之一。一直以来，安定区各乡镇内企业较少，加之村民不愿外出务工，仅以第一产业为生的村民整体性收入都比较低，而发展养殖业需要高额资金，世代以农为生的安定区老百姓恰恰缺少的就是这"第一桶金"。发展养殖业是帮助当地贫困户持久性脱贫的保障，但缺少资金的现实困境严重阻碍了贫困户发展养殖业的积极性，因此养殖业扶贫贷款对于解决安定区养殖业发展资金短缺的难题具有重要意义。

但贫困户的信用等级普遍较低，还款能力普遍较弱，因此从金融机构贷到款比较困难。面对这一困难，安定区政府、扶贫办等部门探索出了养殖大户为贫困户担保以获得后续养殖业扶持政策优先倾斜的方法，有效解决了贫困户养殖业发展的资金短缺瓶颈，为安定区养殖业扶贫的成功奠定了坚实的资金基础。

4. 解决养殖产品末端销售问题

对于精准扶贫发展养殖业而言，不仅要打通市场销售渠道，也要以降低市场风险为目标。贫困户因自身能力与发展条件限制很难获取瞬息变化的市场信息，而养殖农民专业合作社和龙头企业掌握的丰富社会关系网络和广阔市场资源，正好补齐了贫困户的这一"短板"。安定区准确了解到这一点，所以在近几年的扶贫攻坚中探索发展出了"龙头企业＋基地＋农户""龙头企业＋农户""合作社＋农户""龙头企业＋合作社＋农户"等多种养殖业扶贫模式，从而解决了贫困户养殖产品的销售问题，使得安定区的养殖业扶贫取得了较丰硕的成果。

5. 多元主体协同推进养殖业扶贫攻坚

安定区养殖业扶贫攻坚之所以能取得成功与其多元主体协同治理贫困体系的构建密不可分。在近几年的养殖业扶贫攻坚战役中，安定区重视地方政府"合理主导者"的角色，发挥龙头企业、农民专业合作社和养殖大户"致富带动者"的角色，引入社会组织"组织倡导者"的角色，挖掘贫困群众"核心能动者"的角色，突出基层组织"战斗堡垒者"的角色。在养殖业精准扶贫过程中积极发挥各角色作用，努力构建各角色协调治理体系，实现一加一大于二的效果，这是安定区养殖业扶贫成功最关键的一步。

6. 激发贫困人口内生动力，增强其自我发展能力

精准扶贫战略实施以来，安定区坚持政府引导、企业与合作社带动、村委会保障的原则，不断激发贫困群众发展生产、脱贫致富的主动性，培育贫困群众自力更生的意识和观念，引导广大群众依靠勤劳双手和顽强意志实现脱贫致富。实现了"输血式"扶贫向"造血式"扶贫的转变，使贫困户树立起了摆脱困境的斗志和勇气，提升了其脱贫致富的综合素质，有效激发了安定区贫困人口的内生动力，增强了其自我发展的能力。这种不断减少贫困户"存量"，不断降低返贫"增量"的做法，为安定区打赢精准脱贫攻坚战、实现乡村振兴奠定了坚实的基础。

八 通渭县劳动力输转扶贫案例

精准扶贫的成功离不开对贫困成因的准确判断。扶贫攻坚阶段还没有脱贫的贫困户大多为家庭劳动力能力不足，无法参与劳动力市场的对象。现在实施的贫困帮扶基本上属于外源式扶贫。外源式扶贫固然能缓一时之痛，终非长久之计。我们应该认识到劳动力资源是精准脱贫的第一要素，提升贫困劳动力的能力，实现劳动力的有效输转，充分激发贫困劳动力走内源式发展道路，才能最终解决贫困区域的脱贫问题。

（一）通渭县劳动力输转扶贫的背景

通渭县位于甘肃省东南部，地处黄土高原干旱、半干旱的区域，属于黄土高原丘陵沟壑区，多黄土梁、峁和河谷阶地，海拔1410—2521米，年均气温7.5℃，冬季最低气温一般在 -20℃左右，夏季最高气温一般在30℃左右，年温差较大，年降水量380毫米左右。境内耕地多以山地为主，兼有少量的川地。通渭县内沟壑纵横，水土流失严重，频繁发生干旱等自然灾害，是典型的黄土高原生态脆弱区。历史上由于通渭县自然条件严酷，生态脆弱，通渭县产业发展水平比较低，传统农业增收缓慢，自然风险多发，是甘肃省贫困发生率比较高的县，也一直是国家级贫困县，2011年被列入六盘山区集中连片特困地区，2017年被列为全省23个深度贫困县之一。

劳动力资源是通渭县的核心资源。通渭县现有总人口数为44.67万人，其中劳动力数量约为27.27万人，占总人口数的61%，从事农业劳动约11万人，占劳动力总数的45%左右，劳动力的平均受教育年限约为6.2年。为充分发挥劳动力资源在农户脱贫增收过程的作用，自20世纪80年代以来通渭县一直将劳动力输转作为脱贫的重要渠道，通过各种措施千方百计帮助农村劳动力转移就业，走出了一条通渭式扶贫道路。现阶段，通渭县农村居民家庭平均人口总数为4.8人，家庭平均劳动力数为2.9人，近55.8%的劳动力实现了输转就业，大量农业劳动力也采取了"农忙种地、农闲打工"的模式来提高家庭收入水平，目前务工劳动力平均月收入达到3075元，人均劳动收入占到农民人均纯收入的58.7%，劳务输转成为农户脱贫增收的主要途径。

（二）通渭县劳动力输转扶贫的发展阶段与重要举措

1. 亲缘介绍和自发外出的"自由输转"时期（2000年之前）

随着我国城镇化和工业化进程的逐步加快，城镇劳动力市场需求不断增大，一小部分农村劳动力开始尝试走出农村谋求外出打工的机会。2000年之前的劳动力输转处于一种探索的状态，这一阶段农村劳动力外出务工的组织形式具有明显的自发性，外出务工的机会主要依靠亲戚朋友的介绍。虽然当时已经存在少量有组织的劳务输出机构，在资源、信息、保障等方面占有绝对优势，但成本相对较高，而靠亲戚朋友介绍的方式则更为灵活、方便、自由、成本低，亲友介绍成为了这一阶段实现劳务输转的主要渠道。农村富余劳动力虽然希望外出务工以获得更高的收入，但因为能力有限和信息匮乏等原因，真正外出务工的劳动力数量却非常有限，根据甘肃省农村经济调查队的数据显示，通渭县平均8户农户才有1人外出打工，拥有专业劳动技能的劳动力不足外出务工总人数的18%，务工地点集中于西部地区，85%的劳动力从事的行业集中于第二产业的建筑业和第三产业的餐饮服务业。另外，外出务工具有明显的季节性和兼业性，在农忙季节劳动力仍会选择留在家中进行农业生产劳作，这个阶段的劳动力输转属于亦工亦农性转移，外出务工时间在6个月以内的劳动力数量占总体外出劳动力数量的38%，这表明劳务的输出还有很大空间。从整体上看，这一阶段的劳动力输转仍处于探索阶段，外出务工劳动力的规模、劳动力的综合素质以及收入的增加都非常有限。

2. 政府推动、多方协作的有组织转移时期（2001—2010 年）

2003 年 9 月发布的《2003—2010 年全国农民工培训规划》，旨在提高外出务工劳动力的基本素质和专业技能，要求各地根据基本情况将输转劳动力培训纳入当地经济和社会发展的总体规划，建议各地政府参与协调本地各类社会资源，对劳动力进行有计划、有组织的劳动力输转的工作。结合国家发布的培训规划和甘肃省制定的培训计划，通渭县制订了详细的劳动力输转工作计划。一是以县、乡机构为主体，整合培训资源，以培训中心、技校乡镇文化站以及职业中学等组织机构为主体，建设成立农村劳动力输转培训基地，提高农村劳动力的培训质量。二是加强了农村劳动力培训的统筹管理，重点解决农民工培训过程中的问题，实现了统一培训、统一资金安排和统一项目验收管理。增加了农村劳动力的培训经费，除了省级财政安排了专项培训补贴经费外，县政府也统一配套一定数额的培训经费，并把劳动力的转移就业列入扶贫项目之中，重点关注贫困农户劳动力的输转培训。三是严格实行农民工培训激励政策和劳动预备制度。符合条件的教育培训机构，均可申请使用农民工培训扶持资金，并且对参加培训的农民工实行补贴奖励制度；在各村中组织农村劳动力在务工之前参加必要的转移就业培训，使其掌握一定的技能或者取得一定的培训证书后，再进行外出务工。四是开始着眼于劳务品牌的打造。着眼于全国劳务市场的需求，对劳动力进行统一的专业化培训，着力形成劳务产业，打造区域性劳务品牌，初步形成劳动力的质量保障体系，并实现组织化的大规模劳动力输转。五是通渭县的城镇化建设进一步推动了劳动力的有效输转。县内道路交通等基础设施建设的进一步完善使城镇对乡村的辐射带动作用得以充分发挥，农村富余劳动力的短距离不定期的劳务输出不再受到限制，劳务输出得到了最大限度的开发，农村外出劳动力的数量逐渐增长，外出时间和务工收入逐渐增加。

从整体上看，这一阶段通过县政府和社会各界的多方协作，劳动力专业化的培训体系和培训基地的建设基本完成，县内农村富余劳动力的综合素质有所提升，外出务工组织形式的自发性正逐渐减弱，组织化、规模化的劳动力输转逐渐形成。数据显示，通渭县在"十一五"期间，累计输转剩余劳动力 47.87万人次，实现劳务收入 33.9 亿元①。

3. 项目带动和按需培训的定向转移时期（2011—2015 年）

随着城镇化建设的推进，以市场需求为导向，针对性进行职业技能培训，"企业 + 基地"的订单式培训，逐渐成为这一阶段劳务输转的主要模式。依照甘肃省劳动和社会保障厅等组织实施的"农村劳动力技能就业计划"项目，甘肃省扶贫办、省妇联实施的"贫困地区农民工（妇女）就业新模项目"，以及甘肃省农牧厅等部门实施的"农村劳动力转移培训阳光工程"

---

①　本章数据来源于通渭县 2015—2019 年的《政府工作报告》，http：//www.tongwei.gov.cn/。

等，通渭县政府总结出"分散培训、集中转移、就近培训、方便农民、校企联合、定向输转、围绕重点、塑造名牌"等切实可行的办法和模式。一是利用各类项目，用参与式方法培训农民。利用甘肃省劳动和社会保障厅实施的"甘肃妇女就业项目"和甘肃省妇联、甘肃省财政厅实施的"世行妇女再就业项目"等，通过争取项目—培训就业—自我发展的方式输转劳动力。二是按照不同行业和工种进行订单、定向式培训。通渭县通过协调培训基地和劳务服务公司，对劳动力进行订单式培训。在培训内容上，突出专业技能和城市生活知识的培训，在培训组织安排上，坚持培训内容贴近市场，培训基地贴近基层，培训时间贴近实际，重点推行订单培训、流动培训、项目培训、企校联办培训。

专栏 5

户主张进忠，家住通渭县常家河镇胜义村，家庭4口人，常住人口2人，家庭成员包括两个女儿一个儿子。

扶贫前贫困状况：因残、自身发展动力不足致贫，张进忠次女为智力一级残疾，生活不能自理，多年来由张进忠一人照顾，不能外出务工，张进忠本人还患有慢性支气管炎和类风湿性关节炎，不能从事重体力劳动；大女儿常年在新疆昌吉从事餐饮服务工作；儿子在新疆昌吉建筑工地打零工，因缺乏技术，收入微薄；因家庭情况太差，外出务工的儿女均不愿回家。家中总住房面积45平方米，人均住房面积11.25平方米，安全等级为C级危房。生活拮据，住房危险，一双身体健康的儿女逃离家庭，还要照顾生活不能自理的女儿，巨大的生活压力致使张进忠思想偏激，屡有报复社会的情绪。

扶贫措施：2016 年起每年享受一类低保（户主和次女）、残疾人"两项补贴"、基本医疗保险资助、基本养老保险补贴、电费补贴、慢病门诊和退耕还林补助等政策；免费提供核桃、花椒、金银花种苗；2017 年经帮扶队多方联系、多番争取并协商户主同意后，将智力一级残疾的次女送往定西康宁残疾人托养中心免费托养；帮助其建设暖棚圈舍 1 座、引羊 8 只，并对其进行了种养殖技术培训；2018 年享受易地搬迁插花安置并由帮扶队统筹解决了自来水接入费用，享受易地搬迁后续产业发展光伏补贴 2500 元。

扶贫效果：通过帮扶，张进忠住进了新房子，放下了思想包袱，努力发展种养殖产业，生活条件得到了极大改善，常年在外务工的儿女也愿意回家了。2019 年，工资性收入 25000 元；羊存栏 8 只，出栏 5 只，收入 3900 元；种植玉米 1 亩、黄豆 1.5 亩、花椒 2 亩、金银花 0.5 亩、核桃 0.5 亩、胡麻 1 亩，收入 3300 元；享受易地搬迁后续产业发展光伏补贴 2500 元，残疾人"两项补贴" 1440 元，一类低保金 8040 元（2 人）；人均可支配收入达到了 1 万多元。

从整体上看，这一阶段以项目带动和按需培训的定向转移方式为主，培训资源得到整合，培训范围到拓展，培训内容更加专业，有效扩大了有组织的劳务输转，外出劳动力的平均收入进一步得到增加，并形成了通渭县劳务的品牌效应。"十二五"期间，通渭县完成农村劳动力职业技能培训 8.09 万人次、农业实用技术培训 2.3 万人次，输转劳动力 60.19 万人次、创劳务收入 85.65 亿元。

4. 精准扶贫与劳动力输转深度结合时期（2016 年至今）

2013 年以来，随着精准扶贫战略的提出和全面落实，通渭县依据《关于支持深度贫困地区脱贫攻坚的实施意见》和《甘肃省深度贫困地区脱贫攻坚实施方案》提出了依靠贫困劳动力输出完成脱贫攻坚任务的思路。通渭县出台《通渭县调整加强全县脱贫攻坚帮扶工作力量实施方案》规定,确定贫困户帮扶责任人的职责,落实到户帮扶的具体措施,提出"一户一策、一人一案""一对一、人盯人"的帮扶策略,把劳动力培训作为脱贫攻坚的重要抓手,在有效整合各类培训资源的基础上,大力开展农村贫困劳动力精准培训,构建"劳务培训—劳务输转—返乡创业—发展经济"劳务产业发展新路子,发挥政府引导和市场在资源配置方面的作用,帮助农村富余劳动力实现充分就业,实现脱贫攻坚与农村劳动力输转深度结合。一是对建档立卡贫困户进行精准培训,全面提升务工就业能力。实施农村贫困劳动力技能素质提升专项培训行动,量身定做培训"菜单",依托县职专或委托县外培训机构,开展机械维修、服装加工、建筑、餐饮、家政服务、保健护理、电焊、书画装裱等技能培训,采取"线上理论＋师带徒实操培训"模式和依托钉钉、QQ、微信等各类平台开展农村劳动力线上线下培训。确保每户建档立卡贫困户至少1人稳岗增收,实现"培训一人、输转一人、就业一人、脱贫一户"。二是对贫困劳动力的劳务精准输转。坚持把贫困劳动力组织化输转作为就业扶贫的关键性举措,按照以"政府为主导、市场为补充"的原则,依托东西协作东南沿海输转基地、新疆生产建设兵团西北部劳务输转基地、以江苏为主的电子产品劳务基地和甘肃省建设厅下属建筑企业,以及创建的通渭县劳务输转平台(劳务公司),加强劳务合作,进行订单培养,定向输转和就地转移。三是就近就地安置就业。以通渭、岷县两个未脱贫摘帽县为重点,鼓励支持市内企业、扶贫车间、重大工程和预算内投资项目建设等优先招用本县劳动力,并继续统筹开发乡村道路维护员、乡村保洁员、乡村绿化员、全域无垃圾管理员等就业扶贫公益性岗位,对劳动能力有限或者家中情况特殊的贫困家庭进行精准兜底。目前，通过扶贫车间吸纳、公益性岗位托底、项目建设等吸纳建档立卡贫困劳动力3.94万人实现就近就地就业。四是进一步优化完善"激励＋帮扶"机制。全面落实扶贫劳动力就业的补助、经营性人力资源服务机构、用工企业、扶贫车间、合作社、家庭农场等用工经营主体的补贴政策。各乡镇对应成立劳务输转工作队，负责政策宣传讲解、贫困劳动力就业意向摸底及组织输转等工作，整体推进劳务输转工作。五是协调各相关部门工作，全面保障就业扶贫工作的完成。在县转移就业专责工作组统筹协调下，调配各成员单位，全面完成贫困劳动力精准培训、劳务输转、扶贫车间运营、乡村公益性岗位开发管理及反馈问题整改等工作。

从整体上看，这一阶段的劳务输转与精准扶贫战略相互依托，实现了通过劳务输转带动脱贫攻坚的目的。2017—2019年，通渭县共实现劳动力技术培训3.58万人次以上，输转城乡劳动力22.9万人以上，实现劳务收入43.47亿元，累计建成投产扶贫车间31个，吸纳512名贫困劳动力就地就业，累计开发乡村公益性岗位6394个，输送477名贫困劳动力在福清稳岗就业，县内129家企业结对帮扶198个贫困村，吸纳就业贫困劳动力3688人。

（三）通渭县劳动力输转扶贫的成效

1. 农村贫困人口的收入水平稳步增长

通渭县劳动力的输转直接增加了农村居民家庭的收入和农村家庭抵抗风险的能力。一是外出务工的平均收入相对较高，并且相对稳定。从调研的数据上看，2017年通渭县外出务工劳动力平均月收入为3075元，而县内从事农业生产的劳动力平均月收入仅为868.9元，务农收入不到务工收入的1/3，在同等工作时间的条件下外出务工带来了直接的收入增加。另外，农业生产的收入则因为农业的弱质性、周期性和季节性而不具有稳定性，生产周期内一旦发生自然灾害，一年的收入就无法得到保证，而相比之下外出务工的收入更加稳定，劳动的收入不确定性更小，因此家庭中有外出务工的劳动力，该家庭的抗风险能力就会大大增加。二是富余劳动力的输转优化了农村家庭劳动力资源的配置，最大程度地提高了家庭的收入。通渭县农村家庭人均耕地面积仅为2.6亩，人均自然资源相对匮乏，家庭中的劳动力全部从事农业生产，往往会出现劳动力剩余的情况。因此，将家庭中富余劳动力输转出去，不仅充分发挥了劳动力增收作用，还使得家庭劳动力配置更加合理，家庭的收入大幅度增加。2015—2019年，通渭县实现了农村居民人均可支配收入的逐年增长，其中工资性收入同比增长率逐年增长，平均增长率超过7%，具体数字如表8-1所示。

表8-1 2015—2019年通渭县农村居民人均可支配收入

年份	2015年	2016年	2017年	2018年	2019年
农村居民人均可支配收入（元）	5289	5696	6197	6816	7431
工资性收入（元）	1068	1133	1208	1304	1428
工资性收入同比增长率（%）	5.4	6	6.6	8	9.5

2. 农村劳动力整体的素质和专业技能大幅度提高

通渭县农村劳动力外出务工之前可以根据自己的意愿进行系统的产前培训，培训内容不仅包括基本的生产技术和专业的生产知识，还包含了一部分文化学习内容。通过培训，农村劳动力的综合素质和专业素养得以提高，还形成了通渭县高素质劳务输出的品牌效应，进一步推动了通渭县劳务输出的规模化、产业化发展。此外，农村劳动力在外出务工过程中还掌握了外界的信息，增强了劳动力自身的本领和各种现代化的意识。还要注意的是，外出务工的成功经验还树立了"靠劳动摆脱贫困、靠双手奔向小康"的良好风气。越来越多的农村劳动力外出务工的成功经验激发了广大农村居民生活和劳动的信心。这一点在脱贫攻坚中尤为重要，因为长期处于贫困状态中的重要原因之一就是缺乏自主摆脱贫困的动力，"等、靠、要"消极的生活态度，导致其难以摆脱贫困。充分利用好劳动力输转的成功经验所产生的示范效应，具有非常重要的实际意义。

3. 外出务工农村劳动力的消费促进了农村经济的发展

通渭县外出务工农村劳动力增加收入的同时还拉动了农村的消费水平，推动了农村经济的发展。外出务工农村居民家庭收入的增加，提高了农村居民家庭的生活质量，消费的商品不限于日常生活用品，还有很多农村家庭翻新改造建造了房屋，购买了电器、农用车以及农用机具等，总体上扩大了农村的消费需求，促进了新农村的建设和生产方式的升级。2015—2019年通渭县的社会消费品零售总额分别为 7.89 亿元、8.65 亿元、9.28 亿元、10.02 亿元和 10.76 亿元，消费品零售额年平均增长率约为 9%，具体数字如表 8 - 2 所示。

表 8 - 2　　　　2015—2019 年通渭县社会消费品零售总额

年份	2015 年	2016 年	2017 年	2018 年	2019 年
社会消费品零售总额（亿元）	7.89	8.65	9.28	10.02	10.76
同比增长率（%）	16.6	9.6	7.4	8	7.7

4. 推动了保障生态环境的高质量可持续发展

通渭县境内沟壑纵横，十年九旱，生态环境脆弱，生态资源不能过度开发，通渭县必须在保护当地生态环境的大前提下发展经济。大批农村劳动力转移就业，就非常符合资源节约型和环境友好型发展的观念，农村劳动力的输转不仅大大减轻了生态环境的承载压力，减少了大量生产、生活的排放，还实现了经济结构和增长方式的战略转型，达到了减少农民、富裕农民的目的，带动了新生劳动力的输出。通渭县在进行劳动力输转的同时开展了大规模国土绿化行动，近年来完成工程造林3.1万亩、重点区域绿化1.3万亩，全县林地面积达99万亩、森林覆盖率达9.5%，并划定生态保护红线面积98平方千米、永久基本农田181万亩，综合治理水土流失面积50平方千米，新修梯田2.5万亩、梯田化率达61%。通渭县整体的生态环境得到了全方位的恢复，并且在生态恢复过程中给建档立卡贫困户开发了生态护林员等乡村公益性岗位，使得生态保护与精准扶贫较好地结合起来。

5. 精准扶贫与劳动力输转的结合大幅度减少了贫困人口的数量

通渭县在优先解决贫困户"两不愁、三保障"问题的基础上，将劳务输转与精准扶贫、精准脱贫相结合，加强贫困劳动力培训使得劳务输转增收和发展优势特色产业增收，推出全县"3＋6"产业体系和"2＋4"工程，深入乡镇、村组实施精准培训，落实"一户一策、一人一案""一对一、人盯人"的帮扶策略，明确每户建档立卡贫困户至少1人稳岗增收的目标，最终实现"培训一人、输转一人、就业一人、脱贫一户"的脱贫任务。

专栏 6

户主常长长，家住通渭县常家河镇胜义村，家庭5口人，家庭成员包括妻子、两个女儿、一个儿子。

扶贫前贫困状况：因孩子上学、自身发展动力不足致贫，经济结构单一，收入主要依靠种植玉米、小麦等传统农作物，供三个孩子上学负担大，生活困难。

> 扶贫措施：孩子享受免除学杂费和贫困家庭教育补贴政策，帮扶队帮助常长长就近到常河镇福兴德合作社务工，二女常引弟从河南安阳职业学院护理专业毕业后暂时在家待业，已提供就业信息，等待输转。2019 年获得 2 万元到户扶贫资金，用于购买农资。
>
> 扶贫效果：通过帮扶就近务工后获得工资性收入，儿子大学期间享受教育扶贫政策后支出减少了。常长长在福兴德合作社任材料员，月薪 5500 元左右。同时家中有耕地 6.5 亩，种植马铃薯、金银花亩等农作物收入 1.2 万元，入股合作社分红 800 元，年人均可支配收入 2 万元左右。常长长一家通过教育扶贫、劳务输转，生活得到了很大的改善。

通渭县委、县政府印发《通渭县 2017 年劳动力培训和劳务输转助推脱贫攻坚工作计划》，计划要求乡、村组织必须完成培训项目、培训时间与培训人员的精准对接，在一定程度上提升了贫困劳动力的技能水平，各相关部门之间密切配合、统筹安排，并精心设置了内容丰富、吸引力强的培训内容，涵盖种植技能、养殖技能、生产工艺、专业技术以及文化课程等。另外，通过培训过程中的培训补贴、车费补贴和伙食补贴等形式使贫困户能够专心学到技术和知识，还通过对获得专业技术证明的贫困户劳动力提供额外奖励等措施激励贫困户进行培训和学习，并取得了阶段性成效。全县贫困人口由 2011 年的 19.27 万人减少到 2019 年年底的 1.52 万人，贫困发生率由 47.02% 下降到 3.89%，农民人均可支配收入年均增幅高于全省平均水平，群众获得感不断增强，这是通渭扶贫开发史上减少贫困人口最多、贫困群众增收最快、农村面貌变化最大的时期。

（四）通渭县劳动力输转扶贫的经验

农村劳动力的有效输转是解决农村劳动力就业问题的主要手段之一，是中国新型城镇化的重要内容，关系到中国城镇与乡村、农业与非农产业未来的发展方向。从通渭县劳动力输转扶贫的案例中可以得到以下经验。

1. 劳动力外出就业是摆脱自然条件束缚的主要途径

劳动力外出就业对经济增长、社会发展和生态环境改善等方面带来了诸多有益的影响。一是缓解了农村聚居地区的就业压力，增加了农民收入，收入分配及收入回流作用于地区经济发展，促进了地区经济增长，实现了劳动力资源优化配置，使土地资源重新配置，农业劳动力人均资源占有量增加，劳动边际生产率上升，提高了农业利润，刺激了生产积极性，促进了农业的良性循环。二是在提高劳动者综合素质的同时，拓展了劳动者的视野，转变了传统观念，为现代化农村发展积累了人才，具有良好的社会效应。三是缓解了农村地区人多地少的矛盾，有效减轻了农村地区的耕地承载力，并且减少了对生态环境的破坏，改善了农村人居生活环境，使得贫困人口的发展彻底摆脱了自然条件的束缚和制约。

2. 农村教育和农村劳动力培训具有不可替代的重要性

农村劳动力素质的高低对解决"三农"问题起着关键性的作用。农村劳动力的综合素质决定了农民收入，影响着农村劳动力的内生动力和适应市场经济的能力，还关系到现代化农业科技的进步与技术推广。因此，继续全面落实义务教育、深化农村职业教育教学改革以及提供专业就业指导服务是提高劳动力综合素质，实现农村劳动力有效转移的前提，更是实现城乡统筹、城乡劳动力要素自由流动以及新型城镇化建设的重要内容。

3. 建立和完善劳动力就业信息服务平台是劳动力输转的关键

农村劳动力外出务工途径经历了从以亲戚、朋友介绍为主到为乡村组织、乡镇机构统一安排再到订单培养、定点输转的阶段，劳动输转的规模逐渐扩大，效率逐步提高。可以发现就业信息来源是影响劳动力输转的关键因素。因此，依托人力资源局、就业服务局等政府相关部门，完善农村劳动力就业信息平台，建立农村劳动力资源档案，匹配当地劳动力资源与各地用工需求等做法，是实现劳动力有效输转的重要经验。

4. 完善社会保障是农村劳动力发展的基本要求

农村劳动力是城乡一体化进程中最大的利益群体，需要进一步完善农村社会保障制度，解决农村劳动力外出就业的后顾之忧。一是要按照城乡统筹发展的要求，逐步加大农村公共财政对农村社会保障制度建设的投入，逐步推进城乡一体化的就业、医疗、教育、住房等政策，消除就业、医疗、住房及子女上学时所遇到的不合理限制和歧视性政策。二是加强新农村劳动力就业权益保护。政府部门要加大对用人单位签订和履行劳动合同的监督和惩处力度，协调社会劳动服务公司、职业培训基地以及律师事务所等社会机构，强化对农村劳动力的法律援助，以保障农村劳动力就业权益。

5. 加强农村劳动力就业是巩固脱贫成果、实现乡村振兴的重要保障

第一，缺乏职业技能和工作经验，长期从事技术含量较低的工作，只能获得较低的收入，是处于长期贫困状态的主要原因之一，因此提升农村劳动力就业能力是提高贫困户收入的重

要措施。第二，工资性收入是建档立卡贫困户最主要的收入来源，保障贫困劳动力的就业是贫困户稳定收入的关键举措。第三，劳务收入是增长速度最快的收入来源，加快对贫困户的劳动力培训与输转，是贫困地区增加贫困户收入最有效的途径之一。第四，农村劳动力职业能力的提升是解决乡村人才匮乏问题的关键，充分开发并利用农村人力资源，促成人才兴旺，是实现乡村振兴的重要保障。

九 定西市脱贫攻坚的实践经验

（一）定西市精准扶贫精准脱贫的实践意义

"减轻贫困是一个面临多种困境的世界难题。"① 消除贫困、改善民生、实现共同富裕是各国人民追求幸福生活的基本权利和共同理想。为实现这一理想，全世界人民进行了不断的探索和努力。世界银行一直以实现"一个没有贫困的世界"为目标，致力于消除绝对贫困、提高贫困人口的发展能力。可持续发展议程呼吁世界各国共同行动消除一切形式的贫困与饥饿、推动最贫困国家经济增长以及满足各种人类发展的社会需求，并最终实现全球的共同发展与繁荣。中国政府将反贫困作为义不容辞的责任和义务，进行了艰苦卓绝的努力，在过去40年里，经历了体制改革推动扶贫、开发式扶贫、扶贫攻坚、精准扶贫等反贫困历史阶段，在反贫困实践中成功探索出一条与中国特色社会主义建设一脉相承、促进社会经济全面进步的扶贫开发道路，实施了一系列科学且行之有效的反贫困政策措施，形成了中国特色反贫困理论，极大地推动了中国反贫困的实践进程，成功实现了7.5亿农村贫困人口的脱贫，取得了举世瞩目的反贫困成就，成为世界上减贫人口最多的国家，也是世界上率先完成联合国千年发展目标的国家，为世界反贫困作出了卓越贡献。

---

① World Bank，1990.

特别是 2013 年精准扶贫方略实施以来，以习近平同志为核心的党中央将扶贫工作摆到了治国理政的新高度，不断创新思路、改进模式，实施精准扶贫精准脱贫的基本方略，开创了中国扶贫开发事业的新局面，形成了中国特色的反贫困思想与理论体系。习近平精准扶贫思想是新时代中国特色社会主义思想体系的重要组成部分，是对中国特色扶贫理论的创新与发展。习近平精准扶贫思想将消除贫困作为社会主义的本质要求，科学回答了反贫困与人类发展的关系，形成了内涵丰富、思想深刻、体系完整的扶贫开发战略思想和理论体系，为构建"人类命运共同体"，解决人类共同面临的贫困问题贡献了中国智慧和中国方案。中国的反贫困理论与反贫困实践相辅相成、相互促进、共同发展，极大地增强了中国人民的道路自信、理论自信、制度自信、文化自信，并成为中国及广大发展中国家共同的精神财富。

改革开放以来，在党中央、国务院领导下，定西市为彻底摆脱贫穷落后的面貌，从 1982 年"两西"农业建设开始拉开了扶贫开发的序幕，在坚决贯彻落实党和国家一系列反贫困政策措施的同时，根据定西市现实情况进行了广泛而深入的实践探索，走过了近 40 年的反贫困历程，取得了卓越的反贫困成就。特别是在全面落实精准扶贫政策的过程中，定西人民继续发扬努力拼搏的精神，结合地方实践进行了进一步的不懈努力和探索，形成了符合定西实际、具有定西特色的脱贫攻坚实践体系，贫困人口"两不愁、三保障"的目标基本实现，全部市县即将脱贫摘帽（通渭县正在脱贫摘帽），定西人民即将历史性地告别绝对贫困，全面建成小康社会。

定西市的脱贫历程与实践是中国大规模、有组织、有计划脱贫攻坚的缩影。定西市的反贫困历程，有力支撑了中国反贫困的实践，丰富了中国反贫困经验，更是对中国特色社会主义反贫困理论的实践检验。总结定西市反贫困实践经验和典型案例，将进一步丰富中国反贫困理论和实践，并为乡村振兴战略实施提供借鉴和启示，为发展中国家和地区解决贫困问题提供定西智慧和思路。

（二）定西市精准扶贫精准脱贫的经验

1. 始终坚持党的领导，提高精准扶贫实践的自觉性和凝聚力

坚持中国共产党领导是中国特色社会主义最本质的特征，是中国特色社会主义制度的最大优势。扶贫开发取得的伟大成就的根本在于坚持中国共产党领导的政治优势和中国特色社会主义制度优势。定西市近40年的反贫困历程及其取得的成就证明，坚持党的领导是一切工作的根本，特别是精准扶贫方略实施以来，定西市各级党组织和政府坚持党的领导，将脱贫攻坚作为中国特色社会主义建设的本质要求，充分发挥党在扶贫工作中"总揽全局、协调各方"的领导核心作用，尤其是加强农村基层党组织在脱贫攻坚第一线的核心力量，不断增强脱贫攻坚的责任和信心，增强工作自觉性和内生动力。各级党组织紧紧围绕扶贫抓党建、抓好党建促脱贫，全面落实"党委统一领导、党政齐抓共管、部门各负其责"扶贫工作领导机制，靠实了各级党委政府抓脱贫攻坚的主体责任、行业部门的主管责任和各级干部的工作责任，推动政策向扶贫倾斜、资金向扶贫聚集、项目向扶贫靠拢、力量向扶贫整合，形成了扶真贫、真扶贫、合力抓扶贫的工作格局，在实践中探索出了"党组织＋企业＋合作社＋贫困户"等脱贫攻坚模式，全市党员干部成为精准脱贫实践的强力推动者、组织者和政策的实施者。

2. 坚持一切以人民为中心的发展思想，夯实精准脱贫的群众基础

作为马克思主义执政党，中国共产党代表着中国最广大人

民的根本利益，始终把领导全国人民摆脱贫困、实现小康生活、走向共同富裕作为义不容辞的责任和使命，始终将"三农"问题作为全党工作的重中之重，连续出台17个中央一号文件①聚焦三农，全面改善农村生产生活条件，提高农村居民生活水平，显著增强了农村人民的获得感和幸福感。习近平总书记作为党的领导核心，更是心系贫困地区百姓，多次深入深度贫困地区调研考察，指导精准扶贫实践。定西市各级党委和政府坚决贯彻执行党的方针政策，坚持"立党为公、执政为民，践行全心全意为人民服务的宗旨"，以中国特色社会主义理论和习近平精准扶贫、精准脱贫思想为理论指导，本着"脱贫奔小康的路上

---

① 17个中央一号文件分别为：2004年《中共中央　国务院关于促进农民增加收入若干政策的意见》、2005年《中共中央　国务院关于进一步加强农村工作提高农业综合生产能力若干政策的意见》、2006年《中共中央　国务院关于推进社会主义新农村建设的若干意见》、2007年《中共中央　国务院关于积极发展现代农业与扎实推进社会主义新农村建设的若干意见》、2008年《中共中央　国务院关于切实加强农业基础建设进一步促进农业发展农民增收的若干意见》、2009年《中共中央　国务院关于2009年促进农业稳定发展农民持续增收的若干意见》、2010年《中共中央　国务院关于加大统筹城乡发展力度进一步夯实农业农村发展基础的若干意见》、2011年《中共中央　国务院关于加快水利改革发展的决定》、2012年《中共中央　国务院关于加快推进农业科技创新持续增强农产品供给保障能力的若干意见》、2013年《中共中央　国务院关于加快发展现代农业进一步增强农村发展活力的若干意见》、2014年《中共中央　国务院关于全面深化农村改革加快推进农业现代化的若干意见》、2015年《中共中央　国务院关于加大改革创新力度加快农业现代化建设的若干意见》、2016年《中共中央　国务院关于落实发展新理念加快农业现代化实现全面小康目标的若干意见》、2017年《中共中央　国务院关于深入推进农业供给侧结构性改革加快培育农业农村发展新动能的若干意见》、2018年《中共中央　国务院关于实施乡村振兴战略的意见》、2019年《中共中央　国务院关于坚持农业农村优先发展做好"三农"工作的若干意见》、2020年《中共中央　国务院关于抓好"三农"领域重点工作确保如期实现全面小康的意见》。

一个都不能少"的信心和决心，创新精准脱贫体制机制，围绕"两不愁、三保障"精准施策、精准发力，做到"真扶贫、扶真贫"，得到社会各界和广大人民群体的广泛支持，贫困人口生产生活水平发生了翻天覆地的变化，一切以人民为中心的发展思想得到充分体现，从而为精准扶贫政策实施奠定了坚实的群众基础，也使得精准扶贫取得的成果经得起人民的检验，经得起历史的检验。

3. 坚持发扬定西市人民的"三苦"精神，增强民族文化的软实力

"文化自信是一个国家、一个民族发展中更基本、更深沉、更持久的力量"[1]，定西市脱贫攻坚实践的精神文化就是定西精神，而定西精神的实质是"领导苦抓、部门苦帮、群众苦干"的"三苦"精神。在长期的岁月磨砺中，定西人民艰苦奋斗、吃苦耐劳、勤俭朴素、努力拼搏，孕育了具有黄土地特质的定西精神，这种文化融合了红色文化、农耕文化、黄土地文化的核心内容，渗透在每个定西人的血液中，成为一种精神食粮和行动自觉。这种精神是甘肃精神、陇原品格的重要组成部分，也是中华民族精神的宝贵财富；这种精神是中华民族优秀品格、陇原儿女优秀品格的统一体，具有普遍性与地域性相结合、相统一的特征，是民族精神和时代精神的统一体；这种精神具有独特的文化人格和文化精神，它内化为个人品格，外显为地域精神，展现的是定西人民的精神风貌，具有强大的生命力；这种精神具有独特的文化软实力，是决战决胜脱贫攻坚、全面建成小康社会的不竭源泉，是支撑安定过去、现在和未来经济社会发展的强大

---

① 习近平：《决胜全面建成小康社会 夺取新时代中国特色社会主义伟大胜利——在中国共产党第十九次全国代表大会上的报告》，人民出版社 2017 年版，第 8 页。

精神动力①。定西人民精准扶贫精准脱贫的奋斗实践，诠释了定西精神的文化内涵，在乡村振兴道路上彰显出强大的生命力。

4. 坚持"六个精准"为精准扶贫的本质要求，创新精准扶贫体制机制

贫困人口识别和有效扶持是世界反贫困的难题。习近平精准扶贫思想科学回答了反贫困实践提出的"扶持谁?""谁来扶""怎么扶?"的科学命题，是对世界反贫困的体制机制的贡献。"六个精准"是精准扶贫的本质要求，精准扶贫贵在精准、难在精准，创新也在精准。定西市在精准脱贫实践中以"六个精准"为指导，首先，通过建立自下而上的识别机制、退出机制，以及建档立卡管理机制和动态调整机制，实现了"扶持对象精准"，科学有效解决"扶持谁"的问题，做到了对扶贫对象的精准识别和精准管理。其次，通过对贫困人口、贫困程度、致贫原因等问题的调查、审核等工作机制，按照贫困地区和贫困人口的具体情况，实施"五个一批工程"，因地制宜、因人因户因村施策，提高扶贫措施的有效性；制订益贫性经济增长政策，探索扶贫形成资产到村到户，建立资源开发收益分享机制；突出产业扶贫，提高组织化程度，培育带动贫困人口脱贫的经济实体，解决好"怎么扶"的问题。最后，加快形成中央统筹、省（自治区、直辖市）负总责，市（地）县抓落实的扶贫开发工作机制，做到分工明确、责任清晰、任务到人、考核到位，解决好"谁来扶"的问题。

5. 发挥比较优势进行不懈努力，探索形成符合定西市实际的精准扶贫实践

定西市在做好建档立卡这个最关键、最基础工作的同时，

---

① 聂佣忠、滕海峰、马应超、刘燕平、王永明：《反贫困与精准扶贫的安定实践与经验》，《甘肃理论学刊》2019 年第 6 期。

针对定西市发展基础、生态条件、自然资源条件、贫困人口致贫原因等特点，进行大胆探索，形成了符合定西实际、发挥区域比较优势的精准扶贫实践经验，具体包括：第一，构建"1＋17"精准扶贫政策体系，形成系统性、全方位、制度化的大扶贫格局，一切工作围绕精准扶贫发力，一切扶贫工作以规范的制度保障为前提。第二，遵从"绿水青山就是金山银山"的发展理念，立足于自然资源条件，走生态扶贫道路，特别在实施"五个一批"工程过程中，以生态环境建设为基础，以产业扶贫为重点，探讨经济发展与生态环境建设双赢的产业发展模式，大力发展新能源产业，以及"牛羊果蔬薯药"等特色优势产业，全方位促进全产业链发展，夯实产业发展基础。第三，为摆脱自然条件束缚，长期以来定西市一直将劳动力输转作为扶贫的主要手段，通过教育、培训、农民工市民化等方式加大输转力度，减轻土地和生态环境压力。同时为彻底解决生态贫困问题，加大了生态脆弱区贫困人口易地搬迁力度。第四，通过"三变"改革提高农业规模化、市场化、现代化水平，加大现代农业产业体系建设的力度，并大胆探索了产业扶贫过程中的利益联结机制，探索了巩固脱贫成果的长效机制，形成区域产业发展的内生动力。第五，针对集体经济薄弱、脱贫带动能力不足、贫困人口抵抗风险能力差等特点，加大了村集体经济建设力度，形成了一定的村集体资产，对乡村公益性事业发展、特色村镇建设、村集体经济管理进行了大胆探索。

6. 坚持扶贫与扶智相结合，激发贫困人口内生动力

充分激发贫困地区和贫困群众脱贫致富的内在动力和自我创新能力，是全面打赢脱贫攻坚战，实现稳定可持续脱贫的保障。定西市在精准扶贫探索实践过程中，有效地转变了以往的扶贫方式，实现从输血式扶贫向造血式、参与式扶贫转变，尤其是注重提高贫困地区群众的综合素质和脱贫能力，对扶贫对

象实现分类指导。第一，重点加强教育扶贫，有效切断贫困代际传递；全力整合优质教育资源，为贫困家庭子女提供公平的受教育机会；完善就业技能培训和创业扶持体系，鼓励干中学、干中帮，提升贫困人口劳动技能。第二，对不同贫困户进行分类指导，科学对待。对丧失劳动能力的五保、智障、残疾等贫困人口，通过社保兜底；对具有一定劳动能力的贫困人口，形成有劳有得、多劳多得的扶贫制度，构建稳定脱贫的长效机制。第三，大力改进帮扶方式，灵活采用直接帮扶、生产奖补、劳务补助、以工代赈、开发公益岗位等措施，提高贫困户的参与度，激励和引导贫困群众靠自己的努力改变命运、脱贫致富。加强科技扶贫。第四，高度重视文化扶贫，发扬定西精神，鼓励通过奋斗和创业改变贫困面貌。

7. 以产业扶贫为重中之重，夯实贫困人口持续增收和稳定脱贫的基础

产业扶贫是稳定脱贫的根本之策，是夯实贫困人口持续增收的保障，定西市为增强贫困地区"造血"功能，严格贯彻两个80%政策，全方位提高产业发展水平和产业扶贫能力。第一，充分发挥区域比较优势，以"牛羊果蔬薯药"六大扶贫产业为核心，加强标准化产业基地建设，全力推进特色优势产业培育，做大做强特色产业体系，细化"一户一策"产业扶贫措施。第二，为全面提升农业组织化、规模化、现代化水平，千方百计培育引进龙头企业，力争每个县依托主导产业引进1户大型龙头企业；实施农民合作社能力提升工程，实施合作社带头人培训计划，做大做强农民专业合作社，发挥龙头企业和合作社的引领和带头作用。第三，加大财政投资力度，确保新增财政扶贫资金的80%用于产业扶贫，产业扶贫资金的80%落实到贫困户，并通过"三变"改革等手段提高产业扶贫到户资金的使用效率；全面落实农业保险制度，降低农业自然风险和市场风险

对贫困人口的冲击。第四，加强农产品冷链物流体系建设，加大农产品产销对接，加大农产品集散中心、信息中心、电商销售中心等市场体系建设。第五，通过土地制度改革、免收村集体行政事业性收费、清产核资、土地流转与出租、光伏扶贫、旅游扶贫等多元化措施，培育壮大村集体经济。第六，支持引导有条件的贫困户发展小庭院、小家禽、小手工、小买卖、小作坊"五小"产业，拓宽贫困农户增收门路，形成以"牛羊果蔬薯药"为支柱、以"五小"产业为补充的扶贫产业体系。

8. 构建共建共享的多主体合作机制，为乡村治理现代化提供借鉴

精准扶贫是一个系统性工程，定西市在精准扶贫过程中，充分利用东西合作、对口帮扶机制，发挥市内市外、省内省外一切力量，调动政府、村委会、企业、合作社、农户等多主体参与其中，形成专项扶贫、行业扶贫、社会扶贫的大扶贫格局。第一，充分发挥各级党委和政府的主导作用，制订扶贫计划、设计扶贫行动、组织实施过程，并加强对实施主体的监督和约束。第二，以村委会为载体，充分发挥村民委员会的组织、协调和项目实施作用，提高村民委员会的治理能力。第三，以利益联结机制为纽带，充分发挥企业、合作社、致富带头人在产业发展中的引领作用，通过入股分红、劳动就业、产业带动等方式带动贫困人口脱贫。第四，充分发挥贫困人口的主体作用，以主人翁意识积极参与精准扶贫。第五，定西市在精准扶贫过程中，积极探索了共建共享的多主体合作机制。现代社会治理理论强调多元主体的参与、主体间的协调合作，精准扶贫是一个系统的、复杂的社会治理过程，将扶贫开发纳入社会治理全过程，是反贫困本质要求的集中体现。定西市在精准脱贫过程中，全面体现了贫困治理理念和思想，建立了广泛的社会多主体参与的共治、共建、共享合作机制与协调机制，为乡村治理现代化提供了有益借鉴。

9. 实行最严格的考核评估，使脱贫成效经得起检验

定西市全面贯彻落实脱贫攻坚的考核办法，不断完善精准扶贫监督考核体系，明确各级考核对象，细化考核内容，坚决执行自上而下的严格监管与自下而上的准确评估相结合的综合评估，严格执行脱贫验收办法，明确摘帽标准和程序。强化扶贫资金阳光化管理，强化审计监管。加强落实帮扶过程中各级扶贫干部责任制，加强扶贫干部和基层领导干部的思想建设，加强为人民服务的使命感和责任心。使脱贫结果不仅能通过严格的考核，更能经得起民众的认可和历史的检验。

10. 探讨解决相对贫困的长效机制，推动精准扶贫与乡村振兴的有效衔接

2020 年是消除绝对贫困、打赢脱贫攻坚战的收官之年，是精准脱贫与乡村振兴战略的历史交汇期，也是分两步走实现"两个一百年"奋斗目标、初步建成社会主义现代化国家的起步阶段。新的历史发展阶段对巩固脱贫成果、解决相对贫困问题提出了新的要求。在这样一个历史性节点，面对贫困特点的变化和新时代国家发展战略的新要求，定西市以精准扶贫过程中系统化的制度创新和制度建设为基础，以精准扶贫取得的成效为基础，从统筹城乡发展、实现城乡公共服务均等化、促进农村劳动力稳定就业、实现乡村产业振兴、建设特色小镇和特色村庄等方面，探讨进一步解决相对贫困的长效机制，对接乡村振兴战略。

（三）定西市贫困性质和特点的新变化

贫困是相对的，贫困问题也是动态演变的。在一系列强有

力的政策和措施推动下，定西市发生了天翻地覆的变化，农村贫困人口大幅度下降，"两不愁、三保障"目标基本实现，历史性地消灭了绝对贫困，相对贫困成为主要矛盾，贫困性质和特点正在发生重大变化。主要表现在以下几个方面。

1. 绝对贫困向相对贫困转变

伴随国家经济长期高速增长及工业化、城市化的快速发展，以及国家对扶贫工作的持续强力推进和扶贫资金投入的不断增多，我国农村贫困面貌已经发生了根本性变化，到2020年年底实现农村贫困人口全部脱贫、贫困县全部摘帽的目标即将实现，一直以"苦瘠甲天下"而出名的陇中定西也将迎来这一伟大的转变。在国家层面，农村居民人均纯收入由改革之初的133.6元上升到2018年的14617元，贫困地区农村居民人均可支配收入达到10371元，深度贫困地区农村居民人均可支配收入达到9668元。① 以人均收入水平最低的甘肃为例，2018年剩余的111万贫困人口的人均可支配收入为4125元。而就定西市而言，全市建档立卡贫困户人均可支配收入由2013年的2492元增加到2019年的6799元，年均增长18.2%。无论是全省，还是定西市的贫困人口收入水平，明显高于国家贫困线，也高于2015年1.9美元/天（2564元/年）② 的国际贫困线。总体上看，农村贫困人口基本生活需要得到解决，"两不愁、三保障"的目标基本实现。从贫困人口的结构来看，目前的贫困人口主要是大病、残疾、智力障碍、五保、缺乏劳动力等特殊贫困群体，这

---

① 国家统计局：《波澜壮阔四十载　民族复兴展新篇——改革开放40年经济社会发展成就系列报告之一》，http：//www. stats. gov. cn/ztjc/ztfx/ggkf40n/201808/t20180827_ 1619235. html。

② 参见《中国农村贫困监测报告（2016年）》，世界银行（2015）按1美元＝3.696人民币的购买力平价指数换算，每天1.9美元贫困标准以人民币表示为2011年每年2564元。

部分特殊贫困群体通过社保兜底、医疗救助等措施基本生活问题也得到解决。因此，目前中国的绝对贫困基本消除，下一步面对的将是相对贫困问题。　.

世界银行在《1981 年世界发展报告》中关于相对贫困的描述是"当某些人、某些家庭或者某些群体没有足够的资源去获取他们那个社会公认的、一般都能享受到的饮食、生活条件、舒适或者参加某些活动的机会，就是处于贫困状态"。一般认为，相对贫困是指收入水平低于社会平均收入一定程度的社会生活状态，重点表现在收入差距的不断拉大导致部分低收入人口在生产生活、社会参与、市场竞争等各个方面的边缘化和弱势化，国际社会一般将全部人口收入中位数的 50%—60% 以下作为经济上的相对贫困状态。中国经济多年的高速增长一直以效率优先，资源配置以城市为导向，使得城乡收入差距和农村内部收入差距不断扩大。《中国农村贫困监测报告（2018 年)》将 2017 年农村居民按照可支配收入划分为五个组，低收入组人均可支配收入仅为 3302 元，高收入组人均可支配收入为 31299元①，差距非常之大。2017 年中国的基尼系数高达 0.465，处于国际公认的警戒线水平，农村居民的基尼系数高达 0.6，进一步的研究显示，基尼系数每增加 1%，贫困发生率上升 3.5%。总之，相对贫困问题将成为今后一个时期我国农村反贫困面临的主要挑战，对长期处于贫困陷阱，并与其进行了长期艰苦抗争的定西，在即将取得伟大转折的历史关头更应认识到这一挑战。

2. 生存性贫困向发展性贫困转变

多年来中国政府一直将"三农"问题作为工作的重点，不断深化农村改革，持续加大强农惠农富农政策力度，全面改善

---

① 数据来源于《中国农村贫困监测报告（2018 年)》，本节 2017 年数据均来源于此。

农村民生，使得中国农村的面貌和农村居民的生活条件发生了天翻地覆的变化，为2020年实现脱贫目标奠定了坚实的基础。同时，多年来有计划的反贫困行动，诸如以改善贫困地区生产生活条件为目标，以乡、村为单位进行的基础设施、基本农田、生态修复、产业开发、整村推进等建设工作，以贫困人口发展能力建设为核心的精准帮扶，包括教育扶贫、技能培训、易地搬迁、危房改造、饮水安全、金融支持等，以及农村低保、医疗保险、医疗救助、养老保险等制度体系建设，使得贫困地区的生产生活条件得到极大改善，贫困人口的生活质量明显提高。以定西为例，截至2019年年底，农村集中供水率达93%以上，自来水普及率达到91%以上，群众吃水难的问题得到全面解决；全市21.35万户农户实施了危房改造，20883户92266人实施了易地扶贫搬迁，农村安全住房得到全面保障；全面落实建档立卡贫困人口参保资助和合规医疗费用基本医保报销支持政策，实现基本医疗保险、大病保险、医疗救助保障贫困人口全覆盖；所有村卫生室达到了标准化建设要求、配备了合格村医；建制村均通沥青（水泥）路，乡、村公路通畅率达100%；行政村全部接通动力电和宽带网络，15万户农户用上了卫生厕所，全市建成美丽乡村示范村195个。与基本消除绝对贫困人口相一致，目前定西市贫困人口的生存性问题基本得到解决，但同时贫困人口的发展能力、发展条件、发展机会等问题凸显出来，贫困性质正在由生存性贫困向发展性贫困转变。

发展性贫困集中表现在以下方面，一是就自身发展条件来看，绝大多数贫困地区，特别如定西这样的贫困地区，生态环境恶劣，自然灾害多发，光、热、水、土资源匹配较差，特别是定西市北部地区干旱缺水，基本都是生态脆弱地区，本身发展条件和发展潜力非常有限。二是就这些区域发展状况来看，基础设施建设和公共服务依然比较落后，城镇化与非农产业发展不足，市场规模有限，市场体系还很不完善，区域自身创造的发展机会也非常有限。三是就贫困人口自身来看，受教育程度低，人力资本不足，金融资本欠缺，抵抗市场风险和自然风险的能力缺乏，即便存在一些发展机会，但都存在一定的门槛，贫困人口没有能力跨越这些门槛。因此，定西市应当持之以恒地重视发展性贫困的解决问题，特别重视贫困人口发展能力不足问题，这些将成为下一阶段反贫困面临的主要问题。

3. 物质性贫困向精神性贫困转变

反贫困的出发点和落脚点都是贫困的主体——人的发展。马斯洛将人的需求由低到高划分为：生理、安全、社交、尊重和自我实现需求，只有满足贫困人群各方面的需求，才能实现真正的反贫困目标。贫困地区由于历史以来在经济、社会、文化等方面发展滞后，形成了一定的贫困亚文化和不良习俗，在社会全面转型、人口流动等背景下，农村收入差距拉大，社会分化问题突出，强化了贫困的亚文化，使得部分处于社会最底层的贫困人口在价值取向、思维方式、行为方式等方面，落后于现代社会所认可的物质财富获取和精神生活需求满足的一般状态。这种状态集中表现为思想落后、观念陈旧、情绪消极，人文素养不高；自身发展动力不足，缺乏改变贫困命运的精神动力；在社会交往中，表现为自信心不足，自卑感强，社会资本和社会网络缺乏，尊严和自我实现需求难以得到满足。特别是精准扶贫政策实施以来，扶贫的主要动力来自于政府的强力推动，扶贫工作的推进来自广大干部夜以继日的辛劳，以及社会各行各业的大力援助，以"五个一批"等为内容的直接资源分配，也增加了部分贫困人口的依赖性。正因为如此，在2020年打赢脱贫攻坚战之后，下一步的贫困顽疾应当是什么？毋庸置疑，如何解决部分贫困人口的依赖性将成为一个重要问题。

目前，我国的脱贫攻坚在物质性贫困方面取得了重大突破，但在贫困人口的内生动力培育、社会资本和文化资本提升方面还存在很大差距，直接影响着精准脱贫的质量和脱贫的稳定性。精神贫困在深层次上决定着贫困者脱贫的主体能动性，影响着物质贫困的解决进程，一个人或家庭一旦处于精神贫困状态，外在援助作用的发挥将受到极大阻碍。而精神贫困又具有一定的隐蔽性，总是附着于显像的物质贫困背后，难以明确判定，因此在短期内对精神贫困的干预是非常困难的。同时，精神贫困作为贫困文化的表现，其价值观念、行为方式、心理状态一旦形成，具有一定的稳定性和传递性，可能形成"贫困的陷阱"，给进一步的反贫困造成很大困扰。贫困人口主观能动性的发挥成为下一阶段反贫困高度关注的问题。

4. 单一收入贫困向多维贫困转变

多年来主要以收入为核心的贫困标准制定[①]、以收入水平提高为目标的扶贫措施以及以 GDP 增长率为主的干部考核制度等，对促使贫困人口快速下降、贫困面大幅度缩小发挥了重要作用。目前，"两不愁"所对应的贫困人口的基本物质生活问题可谓已彻底解决，但"三保障"目标只能说基本实现，其中依然存在一定问题。主要体现为在长期的二元结构背景下产生的农村教育、医疗、健康、社会保障等方面的短板问题依然突出。虽然中国政府自提出并推动城乡公共服务一体化以来，不断加强对贫困人口和贫困地区公共服务的投入，但从总体上来看，中国现阶段正处于体制转轨与结构转型期，市场导向下优质资源向

---

① 中国农村贫困线的制定，首先，确定一种营养标准，国家统计局将营养标准确定为每人每天 2100 大卡。其次，根据 20% 的最低收入人群的消费结构来测定出满足这一营养标准所需要的各种食物量，再按照食物的价格计算出相应的货币价值。这一货币价值成为"食物贫困线"。最后，确定"非食物贫困线"，简单的方法是既可以主观地确定食物贫困线在整体贫困线中的比例，也可以参照整个社会的恩格尔系数或低收入人群的恩格尔系数来确定这一比例。

城镇集中是基本趋势，虽然贫困地区教育、医疗等基础设施条件得到很大改善，但高水平的医生、教师资源非常短缺，导致有能力的家庭通过流动就业、陪读、寄宿等形式向城镇转移，农村空心化伴随的是贫困地区教育、医疗资源的边缘化和贫困人口的边缘化。此外，我国农村合作医疗、大病救助、低保兜底等政策从无到有，到基本普及，但受财政收入能力的限制，目前也只能遵循"低水平、广覆盖"的原则，依然无法满足贫困人口的需要。目前就没有脱贫的人口来看，老弱病残占剩余贫困人口的绝大部分，并且农村空心化、劳动力短缺和老龄化导致的贫困成为新的社会焦点；同时，突发性事故、自然灾害与市场风险，给精准脱贫带来很大困扰。就已经脱贫人口来看，亟待提高脱贫质量，巩固脱贫成果。所以说，致贫原因多元化、复杂化，多维贫困已然成为目前农村贫困的主要表现，教育、医疗、社会保障、健康、就业等问题，将是下一阶段巩固脱贫成果需要解决的重点问题。

目前，就定西市的"三保障"状况来看，个别因家庭变故、父母离异、隔代监护等导致辍学的学生，虽然已成功劝返，但稳定就学存在实际困难，需要持续加大跟踪监管力度；贫困人口基数大，乡村两级卫生技术人员相对不足，"一人一策"签约服务全覆盖的保障水平和服务质量还有待进一步提高；个别易地搬迁安置点产业发展水平相对较低，虽然"搬得出"任务全面清零，但"稳得住"的压力较大；农村土坯房存量相对较多，虽经第三方机构鉴定为安全住房，但受水汛灾害变危房的概率较大。因此，定西市"三保障"的巩固任务依然繁重，多维贫困治理将是一项长期的重任。

5. 空心化和老龄化成为新的贫困问题

一方面受长期计划生育政策影响，农村人口结构中的少子化、老龄化问题突出，另一方面随着长期农村劳动力流动，形成了大多数青壮年劳动力外出务工，老、弱、病、妇、幼人口基本留守的格局，农村空心化、老龄化问题越来越突出。从近年我们对定西市一些村庄的调查数据来看，在农村居住6个月以上的户籍人口的比例仅为44.2%（贫困山区为35.7%），留守劳动力的平均年龄为53.2岁，女性比例为67.7%。随着农村人口结构不断演化，在不断严重的老龄化背景下，农村老年人口的贫困将很快成为农村贫困的主要形式。一方面，农村老年人口随着年龄的增长，劳动就业能力和收入水平下降，健康状况越来越差，特别是贫困地区农村老年人口在长期艰苦的生活条件、不良的医疗条件和高强度劳动压力下，健康问题突出，医疗费用增加，在家庭和社会中都处于边缘化状态，非常容易产生物质贫困。另一方面，由于子女外出打工加重了农村老人的农业负担，降低老年人口晚年的福利水平；大量的空巢老人因为缺乏子女的生活照料，其脆弱性和孤独感倍增，非常容易产生精神贫困问题。因此，农村老龄化、少子化和部分农村空心化将会成为新的贫困问题。

（四）定西市巩固脱贫成果、解决相对贫困的长效机制

"到2020年我国现行标准下农村贫困人口实现脱贫，贫困县全部摘帽，解决区域性整体贫困"的目标即将实现，但这并不意味着消灭了贫困，贫困的长期性、历史性、复杂性将会持续存在，只是贫困的性质和特点发生了变化。针对这一变化，农村反贫困政策方向应该作出相应的调整。

第一，进一步提升区域发展水平，实现益贫性增长。中国反贫困的成功经验，一方面是通过改革开放与高速经济增长为广大民众提供普遍的发展机会，另一方面是通过有组织、有计划、大规模的扶贫开发，尽最大努力提高贫困人口的生活水平。

进一步提高脱贫质量、巩固脱贫成果、缩小相对贫困的关键，还在于以创新、协调、绿色、开放、共享的新发展理念，通过进一步深化结构性改革，提高区域内部发展能力，为贫困人口创造更好的发展环境，提供更多的发展和就业机会，提高农村劳动力的就业质量，实现包容性、益贫性增长。只有全面提高区域发展质量，才能有效巩固脱贫质量，只有全面激发区域发展活力，才能更好地激发贫困人口的内在发展动力，只有在新的发展阶段、新的发展水平上，贫困人口才能更好地与全国人民共享社会发展成果。

第二，进一步提升农村公共服务水平，不断缩小城乡在教育卫生等方面的相对贫困差距。在基本消除绝对贫困之后，中国农村的贫困性质已转换为相对贫困，除收入水平上相对贫困外，事关农村的公共服务，如教育、医疗、卫生、健康、就业服务等问题成为新的发展阶段的重点与核心。提升贫困人口人力资本水平，是摆脱自然资源束缚、阻断贫困代际传递的重要手段。因此，应继续加大优质教育资源、医疗资源向贫困地区倾斜的力度，促进城乡义务教育的均衡发展，在保障农村学龄人口有学上的同时，将农村教育工作的重点向提高教育质量倾斜。针对农村普遍存在的健康问题与因病致贫问题，在进一步提高合作医疗和医疗救助水平的同时，强化农村疾病预防、医疗保健工作，从根本上提高农村居民健康水平。总之，从公共服务层面缩小城乡差距是减缓相对贫困、提升贫困人口发展能力的重点和核心。

第三，进一步推动农村劳动力稳定就业，不断提高农村相对贫困人口收入水平。加快城乡一体化劳动力市场建设，改善农民工就业层次和待遇水平。目前农村劳动力能够外出的已经基本外出，但在流动过程中依然存在着就业层次低、就业稳定性比较差、社会剥夺比较严重等问题，同时也存在农民工的贫困现象。因此，必须进一步深化就业制度、教育制度、社会保障制度、住房制度等体制改革，建立城乡一体化的劳动力市场，并通过立法保障农民工的合法权益，使农民工摆脱经济政治边缘化、社会弱势化的状态；进一步加强教育精准扶贫力度，提高农村职业教育水平，强化农民工技能培训和职业训练，提高就业层次和收入水平；切实发挥非农产业与城镇化在反贫困中的地位和作用，通过城镇化与农民工市民化摆脱生态贫困，实现年轻人口的永久性转移和脱贫。

第四，进一步加强生态环境建设，推动生态扶贫。绿水青山就是贫困户脱贫致富的"靠山"，不以牺牲生态环境为代价盲目追求高增长是生态脆弱地区实施生态扶贫工作的基本思路。易地扶贫搬迁作为脱贫攻坚最长远、最有效的措施，在解决因自然条件、生态环境、历史背景所导致的"顽固性贫困"方面，具有很好的协调改善作用，是解决"一方水土养活不了一方人"的根本途径。在改善易地搬迁群众的居住条件和生活环境后，还需要在就业收入等方面给予服务，满足群众的美好生活需求。通过开展技能培训、开发就业岗位、组织劳务输出、提供就业服务、扶持创业、加强权益保障等多渠道引导和促进易地扶贫搬迁劳动力就业。要下大力气做好生态扶贫和易地扶贫搬迁的后半程，使输血造血并趋，强化人才支撑、生态产业支撑。积极引进与本地区相适宜的生态产业，搭建特色平台，为稳定脱贫和防止返贫提供强有力的支撑。继续扩大和巩固退耕还林还草所取得的生态成果，采取封山育林、育草、禁牧等措施，保护植被，大力倡导人工植树种草，发展草食畜牧业，并通过坡改梯、小型水利水保工程，实现生态综合治理与产业发展、扶贫开发的有机结合。继续完善生态护林员政策、推广合作造林脱贫模式、助推贫困地区脱贫攻坚。不仅有效保护了生态，还使无法外出、无业可扶、无力脱贫的贫困人口获得就业和脱贫机会，贫困人口不用外出务工就能就业增收，实现生态保护和脱贫攻坚双赢。生态旅游业是发展地方经济和扶贫脱贫的重要抓手，地方特色生态农业＋新兴电商销售模式，可以有效提升农业效益、增加贫困人口收入。打造特色生态产品品牌，通过电子商务宣传，吸引生态消费，有助于形成生态与经济上的良性循环。生态产业扶贫可以显著提升贫困地区的经济社会效益，推动产业转型和民生改善，增加贫困人口的经济收入，从根本上促进贫困地区生产生活环境改善，增强贫困地区和贫困人口可持续发展能力。只有坚定不移地抓好生态脱贫工作，持续推进生态产业化与产业生态化，不断巩固脱贫攻坚成果，才能为决胜全面建成小康社会筑牢坚实基础。

第五，针对特殊贫困人群制订制度化的扶贫政策，构筑社会安全网。当前和今后一段时间，老弱病残、儿童、妇女等弱势群体将是农村贫困的主要群体，他们自身基本不具备脱贫能力，因此应根据其基本特征和实际需求构建综合性减贫保障体系。首先，通过构筑包含现金转移支付（有条件的和无条件的）、食品相关计划、价格和其他补贴、公共劳务等在内的社会安全网，一方面使他们通过最低社会保障兜底和各项福利政策摆脱贫困，另一方面通过完善农村养老制度、医疗保障制度等，保障特殊贫困群体的基本生活。其次，创新农村发展型社会救助制度，通过进一步设置农村公益性就业岗位，比如农村卫生保洁、生态林管护、集体经济管理、医疗保健等，促进农村发展性社会救助制度的完善与提升。此外，还应继续完善各类农业支持与保护政策，确保贫困人口生计的可持续性。

第六，实现乡村振兴与扶贫开发的有效衔接。"三农"问题的解决是一个长期的、动态的、连续的过程，实现精准扶贫与乡村振兴的有效衔接是2020年后反贫困政策的必然选择。精准扶贫包含产业发展、人力资本提升、生态保护、基本权利保障等多个维度，涵盖农村社会经济发展的方方面面。现阶段精准扶贫虽然取得了阶段性的成果，但是以农村贫困人口为主，需要通过乡村振兴在更大范围、更高层次得到巩固和提升。相对贫困、发展性贫困等贫困问题的治理更需要乡村振兴提供更加良好的发展环境，创造良好的发展条件和发展机会。乡村振兴战略作为全面提升农村生产、生活、生态等综合价值的系统性工程，需要在总结精准扶贫经验、吸收精准扶贫核心内容的基础上，实现运行机制、战略重点、治理体系等方面与精准扶贫实行有效的衔接。

第七，遵循城乡结构转换规律，有计划、有步骤地推进乡村振兴。随着城乡结构转型和人口转变，人口城镇化和部分村庄的空心化已经是必然趋势，扶贫开发也必须遵循这一规律，顺势而为。完善农村空间结构，逐步引导贫困地区有条件的农户以及新生代农民工下山、进镇、进城。在中小城市、县城所在地，结合市县房地产去库存等政策，加大户籍制度、社会保障制度、教育制度、住房制度、土地制度等一系列综合改革，配套基础设施建设，促进新型城镇化建设和非农产业发展，吸纳更多的农民工转移就业并逐步市民化。对于交通和自然地理条件比较好，具有特色产业开发基础和一定比较优势、人口相对集中的中心村庄，进行重点布局、重点建设，大幅度改善生产生活条件，支持现代农业和龙头企业发展，吸纳偏远山区人口就近就业。对于偏远山区、空心化和人口老龄化比较严重的村庄，重点以生态建设与生态恢复为主，不主张进行大范围、大规模建设和重点项目建设，而应通过易地搬迁、转移就业、教育发展等措施，使这些村庄的人口向城镇和中心村庄转移；同时，对于不能转移出去的人口，通过退耕还林、生态扶贫、社保兜底等措施，保障其基本生活。采取以时间换空间的方式，随着这些村庄人口的逐渐迁移和转移，转换为生态建设用地。

参考文献

蔡昉：《打破了扶贫效果的"边际递减规律"》，《北京日报》
　　2017年11月27日第13版。

陈富荣：《把脱贫攻坚好机制好经验推向深入》，《定西日报》
　　2020年4月12日第1版。

陈志钢、毕洁颖、吴国宝、何晓军、王子妹一：《中国扶贫现状
　　与演进以及2020年后的扶贫愿景和战略重点》，《中国农村经
　　济》2019年第1期。

程名望、张帅、史清华：《农户贫困及其决定因素——基于精准
　　扶贫视角的实证分析》，《公共管理学报》2018年第1期。

崔敏：《农村扶贫开发政策的定西实践：历史、成效与对策》，
　　《新疆农垦经济》2016年第9期。

党一：《六盘山连片特困地区农村破解深度贫困问题调研与分
　　析——以定西市安定区为例》，《甘肃农业》2019年第1期。

党一：《六盘山连片特困地区农村脱贫攻坚调研与分析——以定
　　西市安定区为例》，《甘肃农业》2018年第9期。

《定西市国民经济和社会发展公报》，http：//www.dingxi.gov.cn/。

《定西市人民政府工作报告》，http：//www.dingxi.gov.cn/。

福仁宣：《协作扶贫的"福定模式"》，《中国人力资源社会保
　　障》2019年第1期。

《甘肃定西土豆　西北干旱地区的"金蛋蛋"》，《农村工作通
　　讯》2016年第22期。

甘肃发展年鉴编委会：《甘肃发展年鉴》，2000—2019 年。

甘肃农村年鉴编委会：《甘肃农村年鉴》，2010—2019 年。

黄镇龙：《西部地区农村脱贫问题研究——以甘肃省定西市为例》，硕士学位论文，浙江工商大学，2017 年。

李常武：《金融支持产业扶贫的实践探索》，《金融时报》2017 年 4 月 17 日第 10 版。

李小云、许汉泽：《2020 年后扶贫工作的若干思考》，《国家行政学院学报》2018 年第 1 期。

李彦瑾：《定西市 2020 年全面建成小康社会的路径探索》，硕士学位论文，兰州大学，2014 年。

林泽亮：《精准扶贫背景下产业扶贫模式及创新分析——以陇西县中医药产业扶贫为例》，硕士学位论文，广东外语外贸大学，2018 年。

《陇中大地写新篇——定西市精准扶贫精准脱贫工作纪实》，《发展》2018 年第 1 期。

马国旗、刘佳丽：《扶贫 30 年，定西的实践与探索》，《中国经济周刊》2016 年第 40 期。

聂佃忠、滕海峰、马应超、刘燕平、王永明：《反贫困与精准扶贫的安定实践与经验》，《甘肃理论学刊》2019 年第 6 期。

任文元：《福州·定西东西部协作生态扶贫模式探讨》，《福建林业》2018 年第 5 期。

石善儒、张海涵：《改革开放以来党和政府支持定西扶贫工作的政策演进》，《甘肃理论学刊》2015 年第 1 期。

石维芳：《甘肃省定西市农村脱贫问题研究》，《山西农经》2018 年第 13 期。

史亚琼：《定西精准脱贫的路径选择与建议》，《安徽农业科学》2016 年第 15 期。

孙久文、唐泽地：《精准扶贫要灵活选择模式》，《湖南农业》2019 年第 2 期。

唐晓明：《大力推进精准扶贫精准脱贫　全力补齐小康社会建设"短板"》，《发展》2015 年第 5 期。

汪洋：《总结"三西"扶贫经验　务实创新　推进精准扶贫》，《老区建设》2015 年第 17 期。

王琼：《建立劳务协作扶贫长效机制　助力高质量就业扶贫》，《中国就业》2019 年第 12 期。

王瑞军、马国旗、晁君杰、刘佳丽：《从"扶农"到"扶贫"定西为百姓脱贫精准发力》，《老区建设》2014 年第 19 期。

王小林：《改革开放 40 年：全球贫困治理视角下的中国实践》，《社会科学战线》2018 年第 5 期。

魏静：《关于定西市精准扶贫过程中贫困户稳定增收问题的再思考》，《宁夏农林科技》2018 年第 8 期。

吴耀辉：《架起"薯都"扶贫桥》，《农业发展与金融》2016 年第 10 期。

习近平：《决胜全面建成小康社会　夺取新时代中国特色社会主义伟大胜利——在中国共产党第十九次全国代表大会上的报告》，人民出版社 2017 年版。

习近平：《在中央扶贫开发工作会议上的讲话》，2015 年 11 月 27 日。

徐世平：《落实〈习近平扶贫论述摘编〉坚决打赢甘肃脱贫攻坚战》，《甘肃农业》2019 年第 7 期。

许汉泽、李小云：《精准扶贫：理论基础、实践困境与路径选择——基于云南两大贫困县的调研》，《探索与争鸣》2018 年第 2 期。

杨洁：《甘肃省定西市农村生态文明建设研究——基于马克思主义生态思想》，硕士学位论文，西北师范大学，2018 年。

张弘：《新形势下甘肃省扶贫开发效果研究》，硕士学位论文，兰州财经大学，2018 年。

张建星：《中国扶贫 30 年取得举世瞩目伟大成就》，《中国经济周刊》2016 年第 40 期。

张令平:《坚持把脱贫攻坚作为一号工程》,《中国经济周刊》2016 年第 40 期。

张鹏:《提升马铃薯产业品牌,助力农村精准扶贫——定西市安定区发展农产品品牌、助力农村扶贫的思考》,《甘肃农业》2020 年第 1 期。

张伟军:《改革开放以来甘肃"两西"扶贫开发的回顾与总结》,《发展》2019 年第 10 期。

张焱:《定西市农村低保与扶贫开发衔接效果的影响因素研究》,硕士学位论文,兰州大学,2019 年。

赵雅琳:《从定西走向世界的扶贫精神》,《定西日报》2020 年 3 月 5 日第 3 版。

中共定西市委、定西市人民政府《关于深入推进精准扶贫工作的实施意见》(定发〔2015〕13 号)等精准扶贫精准脱贫系列文件。

中共甘肃省委党校(甘肃行政学院)课题组、袁凯、魏奋子、王锐:《打赢打好脱贫攻坚战组织保障调研报告》,《发展》2020 年第 3 期。

中共甘肃省委、甘肃省人民政府《关于打赢脱贫攻坚战的实施意见》(甘发〔2016〕9 号)。

中共中央办公厅、国务院办公厅《关于创新机制扎实推进农村扶贫开发工作的意见》(中办发〔2013〕25 号)。

中共中央、国务院《关于打赢脱贫攻坚战的决定》(中发〔2015〕34 号)。

周东亮、尚虎山、李鹏程、水清明:《定西市农业精准扶贫措施探讨》,《农业技术与装备》2019 年第 3 期。

左停、徐卫周:《综合保障性扶贫:中国脱贫攻坚的新旨向与新探索》,《内蒙古社会科学》(汉文版)2019 年第 3 期。

后　记

改革开放以来，在党中央、国务院领导下，定西市为彻底摆脱贫穷落后的面貌，从1982年"两西"农业建设开始拉开了扶贫开发的序幕，走过了近40年的反贫困历程，取得了卓越的反贫困成就。特别是在实施精准扶贫方略以来，定西人民继续发扬"三苦"精神，在全面贯彻落实党和国家一系列扶贫政策措施的同时，结合地方实际进行了不懈努力和探索，走出了一条符合定西实际、具有定西特色的脱贫攻坚道路，产生了大量的精准脱贫典型案例，形成了丰富的反贫困实践经验，定西人民即将历史性地告别绝对贫困，全面建成小康社会。

素有"陇中苦瘠甲于天下"之称的定西市的脱贫历程与实践，是中国大规模、有组织、有计划脱贫攻坚的缩影。定西市的反贫困历程，是对中国特色社会主义反贫困理论的实践检验，有力支撑了中国反贫困实践，丰富了中国反贫困的经验。总结定西市反贫困实践经验和典型案例，将进一步丰富中国反贫困理论和实践，为乡村振兴战略提供借鉴和启示，为发展中国家和地区解决贫困问题提供定西智慧和思路。

课题组成员是甘肃省高校新型智库"精准扶贫与区域发展研究中心"的成员，绝大多数来自甘肃，长期扎根在西部地区，怀着对家乡的深厚情谊，秉持定西人民的"三苦"精神，力争将"三农"的文章书写在这片黄土地上。课题完成之际，特此向奋斗在精准扶贫、精准脱贫一线的所有仁人志士致以崇高的敬意！感谢定西市委、市政府，通渭县委、县政府以及各地方工作人员在调研过程中给予的帮助和支持！"精准扶贫与区域发展中心"柳建平教授、李承晋博士、和苏超博士、于晓燕主任、范宝强老师，研究生沈志宇、王琰参加了课题调研和材料整理，在此表示感谢！课题第一章、第二章由耿小娟副教授完成，第三章、第四章、第五章、第六章由沈志宇完成，第七章、第八章由王琰完成，第九章由张永丽教授完成。

张永丽，现任西北师范大学商学院教授，博士生导师，甘肃省高校新型智库"精准扶贫与区域发展研究中心"（CTTI来源智库）主任。长期专注于贫困与反贫困、农业与农村发展、产业组织与产业政策、区域经济学、马克思主义中国化等领域的研究与教学工作。在《新华文摘》《光明日报（理论版）》《中国农村经济》《中国农村观察》《经济学动态》《中国人口科学》《中国软科学》等发表论文50余篇。出版著作《结构转型、战略转换与消除贫困》《西北地区反贫困战略与政策》《流动、转型与发展——农村劳动力流动对流出地的影响》等。主持完成"甘肃省'十二五'扶贫攻坚规划""甘肃省'十三五'脱贫攻坚规划"等项目，主持国家社科基金项目两项，主持国家自然科学基金项目两项，多次获得甘肃省社会科学优秀成果奖、甘肃省高等学校社科成果奖等奖项。

李文刚，男，中国社会科学院西亚非洲研究所民族宗教研究室主任、副研究员。1972年生于陕西陇县。北京大学国际关系学院国际政治专业毕业，获法学博士学位。2007年11月，赴尼日利亚进行学术访问。2009年，在国家留学基金委资助下，在英国爱丁堡大学社会与政治学院非洲研究中心做访问学者。从事非洲研究工作以来，参加多项合作研究课题，如撒哈拉以南非洲的宗教与政治、非洲民族问题研究、非洲列国志、世界现代化进程非洲卷、非洲黄皮书、中东非洲大国跟踪研究、中东非洲国家民间社会研究和中国在非洲的软实力建设等项目。

沈志宇，男，汉族，1992年出生，黑龙江齐齐哈尔人，中国共产党党员，西北师范大学商学院产业经济学硕士，师从贫困问题研究专家张永丽教授。主要研究方向：贫困与反贫困、农村经济与发展。在《西北民族大学学报》（社会哲学科学版）等学术期刊发表过学术论文。

耿小娟，甘肃农业大学财经学院副教授，国家统计师。主要从事贫困与反贫困、"三农"问题、区域经济学、经济统计与计量等教学与研究工作。出版著作《农民如何富起来》《西北地区反贫困战略与政策研究》等；先后在 EI 收录期刊以及《人口与经济》《兰州学刊》等核心期刊及国家级期刊发表论文数篇。主持教育部人文社科项目、国家林业局林权制度改革监测项目等。作为主要参与人获甘肃省教育厅教学成果奖、甘肃省高等学校科研优秀成果二等奖、甘肃省高等学校科研优秀成果三等奖等。